薩摩藩と明治維新

原口　泉

はじめに

人類の歴史は、言葉と文字の使用によって急速に進化したが、十八世紀後半の産業革命から今日に至るまで数次にわたる技術の進歩はすさまじいものがあった。

第一次から第二次への転換は、エネルギーが石炭・蒸気から石油・電気へと変化したことによるが、第三次のＩＴ（情報技術）革命と第四次のＡＩ（人工知能）革命では、まさに異次元の技術革新といえる「５Ｇ」という次世代通信規格も本格的に始まろうとし、アメリカ、中国、ロシアの技術覇権争いが激化している。

ＡＩは、膨大な事例を学習して最適の判断をするはずだが、なぜその判断になるのか、その過程と根拠を私たちに示すことはない。透明性や公平性、はたまた人間性に課題を残したまま、ＡＩが文明の進歩の主役を担い始めるというシンギュラリティ（技術特異点）を迎えていいものだろうか。時代遅れの寂しさを感じるのは、団塊直前世代の私だけなのだろうか。

私の関心は、産業革命に先行する明治維新という政治革命にある。その革命の担い手が薩長土肥であったのは何故なのか。西郷隆盛と大久保利通と木戸孝允の維新三傑が目指したものは何なのか。明治四（一八七一）年の廃藩置県で士農工商の別は廃止され、四民平等の社会が実現したが、華族制、士族、平民、新平民の族称が新たに作られている。また、アジア太平洋戦争の敗戦は「八月革命」といわれるが、それは主権が天皇から国民へ移ったという意味で革命だろう。しかし、昭和六(一九三一)年「らい予防法」は形を変えて戦後も平成八(一九九六)年まで続いたのであり、国家と国民の過ち(責任)が九十年たって今年裁かれ、国は控訴しないことになった(二〇一九年七月八日)。水俣病訴訟、二〇一一年福島原発被害など、未解決の問題があるだけでなく、弱者に対する偏見と差別は、ヘイトスピーチ解消法が施行(二〇一六年)されても解消していない。

本書は、西郷隆盛と薩摩藩に視点をすえて、日本近代史の最初の歩みを振り返ってみようとするものである。もっとも辺境にあった薩摩藩が維新革命の推進力となれたのは何故なのか。特に、島津斉彬と西郷隆盛の関係から、西南戦争にいたる過程を記述することによって、日本近代史の光と影の両面を描き出せたらという思いが、本書執筆の動機である。併せて、西郷の「征韓論」についての新史料も紹介したい。

薩摩藩と明治維新

目次

第五章　西郷隆盛の遺志を継いだ前田正名

第一章　薩摩藩からみた明治維新

「異国口」だった薩摩

薩摩藩は、「奥三州《おくさんしゅう》」といわれる薩摩国・大隅国・日向国諸県郡《もろかたごおり》の二ヶ国一郡を領する外様の大藩である。島津氏は、初代忠久を源頼朝の庶長子と「正統系図」に自称する中世以来の名門武家であり、慶長十四（一六〇九）年には琉球王国を併呑し、琉球高十二万石を含めた石高七十二万二千十八石は、加賀前田氏の百二万石につぐ天下の二番大名であった。

島津氏初代、島津忠久（治承3〈1179〉年～安貞元〈1227〉年）
【鹿児島県立図書館所蔵】

俗に七十七万石といわれるが、その支配領域は、北は現在の宮崎県宮崎市高岡町から、南は沖縄県与那国島まで及んでおり、支藩の佐土原藩まで加えるとほぼ本州の長さに匹敵している。

薩摩藩は、明和七（一七七〇）年の幕府への答書の中で、自領を「異国口」と表現している。「私、領内之地は異国口ニこれあり、東南西之三方数十里之間、大洋海を請け、且島々相抱え、罷り在り候之故、毎年程唐船漂着致し」（『旧記雑録』追録六―七二二）。

ここでいう異国口とは、鎖国日本が海外に開いていた四つの窓口、長崎口・対馬口・琉球口・松前口のうち、琉球口のことである。琉球口の特徴は、琉球王国が薩摩藩の支配下に置かれながら、東アジア世界の中で独立王国として体裁を保ち、中国に朝貢（二年に一回の朝貢でよい）していたことである。従って、薩摩藩は、琉球を介して朝貢貿易の実利を吸い上げるばかりでなく、中国その他の海外情報を独自に入手することができた。

琉球口のもう一つの特徴は、奄美諸島が近世になって「道の島」と呼ばれたように、薩南諸島（種子・屋久・トカラ列島・奄美諸島）が、珠数となって薩摩・琉球を繋いでいたことである。柳田国男は、稲作伝来の「海上の道」を提唱したが、この海の道は、古代は鑑真を坊津《ぼうのつ》に上陸させた遣唐使の南島路、室町時代は、堺と寧波《にんぽー》を繋ぐ日明勘合貿易ルートであった。

黒潮と季節風が様々な海外の文化をもたらしたことから、海のシルクロード、紬・絣の道、貝の道、薬の道、みかんの道、陶磁の道などとも呼ばれている。戦国の世に終止符を打った「種子島銃（鉄砲）」やキリスト教の伝来はもちろん、江戸時代に限っても、煙草・サトウキビ・サツマイモ・孟宗竹（鹿児島では江南竹ともいう）・ボンタンなどが薩摩に伝来している。

日本と中国、そして朝鮮とをトライアングルに結ぶ東シナ海は環東シナ海文化圏を形成しているが、経済的には魅力あふれる黄金の海域であると同時に、倭寇、八幡《ばはん》船などの海賊の横行する危険海域でもあった。

胡松の『広輿図』など中国側では、「薩摩・肥後・長門の人が最も多く、つぎに大隅・筑後・博多・日向・播摩（磨）・摂津・紀伊・種子島の人が多い。…航路には南北の二路があり、南下すれば必ず島伝い

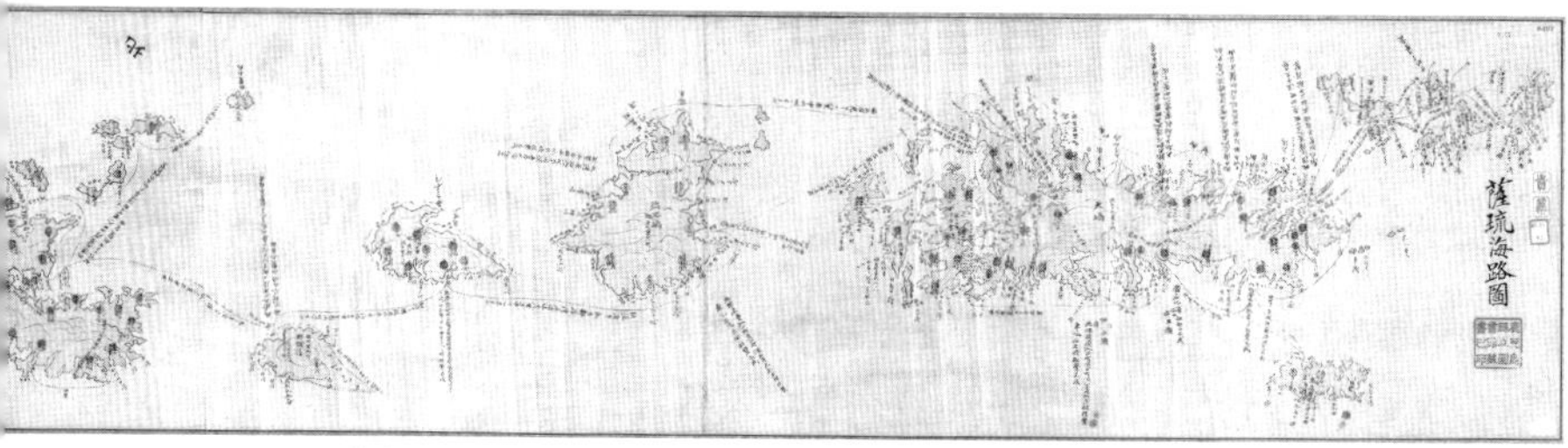

薩摩から琉球に至る航路や港湾の状況などを記した航海図【鹿児島県立図書館所蔵】

に薩摩・琉球を経由する。その根拠地は、坊津・京泊などの薩・隅の諸港」と記述している。

西欧の外圧以前の薩摩

古来、薩摩は唐（中国）との関係が深かった。天平勝宝五（七五三）年鑑真が上陸した坊津（秋目浦）は「入唐道《にっとうどう》（中国へ入る道）」と呼ばれてきた。日宋貿易の時代からの中国貿易商人の居留地であった「唐坊《とうぼう》」の名が南九州の地に残っている。

中国との関係の深さは、人の往来の多さにも表われている。例えば、島津氏は、豊臣秀吉の「唐入り」（朝鮮侵略、一五九二～一五九七年）の時、スパイの嫌疑をかけられ、秀吉に釜茹での刑にされかかった帰化明人許儀《きょぎ》後《ご》（島津氏に仕えていた）を助けた。島津氏は、明と合力して秀吉の侵略を阻止しようと持ちかけられている。

明末清初の動乱期には、許儀後のような明人が、多く薩摩に帰化している。亡命した明人には学者、医者、土木技術者、貿易商人など多かった。

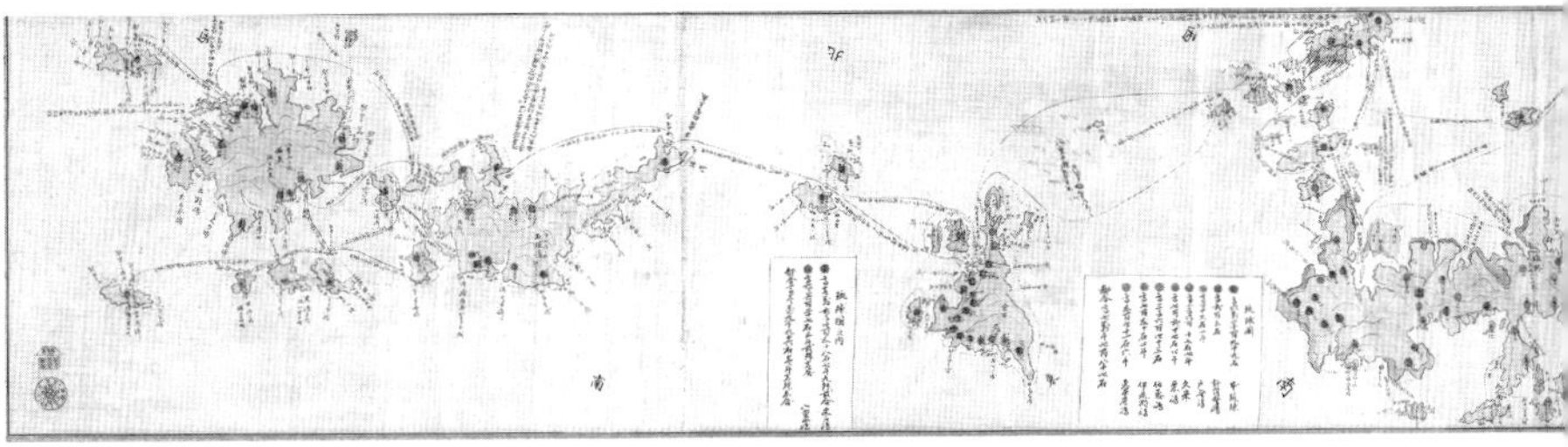

例えば、黄友賢《こうゆうけん》は鹿児島城の縄張り設計にあたり、汾陽《かわみなみ》氏は郡奉行として新田開発を担当している。

薩摩藩内の各地に唐人町が形成され（国分・根占・都城など）、霧島市には今でも行政地名として「唐仁町」が残っている。

島津氏の三州統一過程は、東シナ海に出没する倭寇の海賊行為を統制するプロセスでもあったといえる。戦国大名島津貴久は、永禄六（一五六三）年琉球渡海朱印状を発給し、義久も天正二（一五七四）年から慶長七（一六〇二）年まで、独自に少なくとも十一通の朱印状を発給するなど、制海権の掌握に努め、自らも朱印船貿易に乗り出していた。

秀吉の侵略が破綻して覇権を握った徳川家康は、「貿易将軍」と呼ばれるほど海外貿易に熱心であったが、日明の国交は断絶していた。島津氏が、関ケ原の戦いで敗れたものの、お家取潰しにならなかった一因は、日明国交回復の斡旋を島津氏に期待したからだと思われる。家康は、島津氏を窮地に追い込めば、九州制覇のとき膨大にふくれあがっていた家臣団が東シナ海に散らばり、海上の安全を早期に確保できないことを懸念し、戦国時代に島津氏が培ってきた「薩摩・福建コネクション」を利用するほうが得策と考えたのであろう。

「薩摩・福建コネクション」とは、十六世紀末以来、島津氏が福建からやってきた多くの帰化明人を召し抱えていたこと、明末清初の動乱期の寛永時代に大量の明人が南九州に亡命したこと、ならびに島津氏と父子の義を結んだといわれる明の水軍都督・周崔芝《さいし》が、明の回復を図るために正保二（一六四五）年と同四年に使を薩摩に派遣し、援軍を要請（乞師《きっし》）したことなど、その緊密な交流のパイプのことである。

鎖国の時代になっても薩摩藩は領内各地に唐通事（通訳官）を駐在させて、中国漂流民の保護と母国送還の任にあたらせている。元禄九（一六九六）年以降は、琉球国（奄美を含む）に漂着した中国商人は、長崎に送還されることなく中国へ直接送還することが許されていた。また、要港には朝鮮通事も置いている。

慶長十四（一六〇九）年以降、薩摩藩の実質的支配下にあった琉球王国は、中国の冊封国として皇帝に朝貢していたので、朝貢貿易の投資者である薩摩藩は鎖国下に中国と貿易していたといえる。薬種や絹織物が輸入されたが、当然幕府の許可しない唐物《からもの》（中国商品）の密貿易も盛んだったと考えてよい。

琉球王国は、朝貢国の中でも越南国（ベトナム）や李氏朝鮮と比べて二年一貢と優遇されていた。江戸幕府は、長崎渡航の中国商船への貿易額の制限など、国際関係を極度に制限した。幕藩体制下の日本の中央市場は上方と江戸の二大市場に限られ、物流も日本海経済圏（東廻り航路と西廻り航路）に限られ、東シナ海経済圏は、除外されていた。東シナ海において、琉球王国を介して中国貿易を行っていたのは薩摩藩だけであった。

主要な輸出品は、蝦夷地（北海道）の昆布や俵物（いりなまこ・干鮑《ほしあわび》・鱶鰭《ふかひれ》）、干海老、椎茸（冬菇《どんこ》）などであった。硫黄、馬、刀剣なども中世に引き続き輸出された。特に、硫黄の主産地は薩摩であり、諸外国は日本の硫黄を求めて薩摩に殺到した。これを「Sulfur Rush」と呼んでいる。

このように、薩摩は古くより日本の海の窓口であった。鉄砲やキリスト教が、まず薩摩に伝わったということも良い例であろう。

薩摩は海外情報をなぜ必要としたのか

薩摩は日本の南端にあって、地理的、歴史的に有利な条件を備えていたが、同時に江戸から遠いため、薩摩の情報は管理統制すれば他領には伝わりにくかった。情報をできるだけ集め、できるだけもらさないことによって、薩摩藩の政治力は形成されたと考えられる。ではなぜ、薩摩藩の情報への希求度は抜群に高かったのか、また、情報とは江戸時代幕藩の政治・経済・文化にとってなぜ重要な要素だったのであろうか。

そもそも、政治は情報なくして動かず、情報はすぐれた政治家なしには生かされない。また、すぐれた政治家が情報を生かすためには、すぐれた事務処理能力をもつ藩の行政機構が存在しなければならない。薩摩藩の場合、お由羅騒動というお家騒動はあったが、戊辰戦争期までは、長州藩や土佐藩と異なり、藩内の決定的な分裂なしに持ちこたえた藩である。

国内に限ってみても、幕藩体制下にあって三百諸侯は、情報なしには、藩の経営はできなかった。言い換えれば、各藩は、江戸といういわば国連都市のような情報センターで情報を入手し、藩を経営していた。各藩が幕府との対応のため情報入手の拠りどころとしていたのが、江戸の留守居《るすい》組合である。留守居とは各藩の外交官のようなものであるが、外様ゆえに国政にあずかれない島津氏が、情報を入手するために留守居組合を活用したのは当然であった。

海保青陵は、薩摩藩の留守居は役料以外に、千両にものぼる「遣《つか》ヒ捨金」という機密費を与えられていると証言した。また、文政八（一八二五）年、秋田佐竹藩留守居は、瑯会（茶屋寄合）に最も熱心なのは薩摩藩と証言している。瑯会の費用は、藩邸が会場の場合でも一回に四十両の経費がかかったといわれるため、茶屋寄合などで行われた場合の経費は相当なものであったはずである（服藤弘司『大名留守居の研究』）。

また、過大な家臣団のほとんどを外城郷士として領内各地に屯田居住させ、領内防衛と農民支配の任につかせている。これは、情報管理のシステムともなった。

次に、薩摩藩が海外情報を求める理由に、領内産業の育成があげられる。殖産興業のために、本草学など諸技術を中国に学んでいる。佐多（一六八七年）や吉野（一七七九年）の薬草園の開設は、その表れである。島津重豪《しげひで》は、長崎の本草学者・曾槃《そうはん》を記室（秘書官）として『成形図説』（農業の百

島津重豪公御幼少之筆【鹿児島県立図書館所蔵】

科全書)、『質問本草』、『琉球産物志』を編纂させた。

朱子学の日本訳は、薩南学派の祖である桂庵玄樹《けいあんげんじゅ》によってなされていたが、薩南学派の儒学者は、優れた外交官でもあった。

桂庵玄樹（応永34〈1427〉年〜永正5〈1508〉年）【鹿児島県立図書館所蔵】

琉球口は、長崎口に対して補助貿易口というのが建前ではある。しかし、長崎は日本市場が必要とする商品の輸入が中心であり、正式な国家間外交ではない。この点、琉球王国は朝貢と回賜という国家的儀式をとり結ぶ関係だけに、商品以外の学術・文化の摂取が可能であった。

琉球王府の使節は、北京の最高学府である国子監に留学経験のある者が多く、中国文化を彼らの直接体験を通して摂取できたのである。

絵画においても中国との交流があった。例えば、藩の御用絵師・木村探元(一六七四〜一七六七年)は、狩野派ながら雪舟流の剛直で力強い独自の画風を確立し、京都の近衛家でしばしば席画を披露し、近衛家から大貳の称号を賜っ

琉球人行粧之図【鹿児島県立図書館所蔵】

た。藩は、探元を通して近衛家とのつながりを一層深めることができた。学術・文化の面で、朝廷・幕府との関係を強めることは、島津氏の官位の上昇、すなわち薩摩藩の政治力の強化に役立ったと考えられる。

木村探元（延宝7〈1679〉年～明和4〈1767〉年）【鹿児島県立図書館所蔵】

政治力・官位の上昇を目的とした儀式が、島津氏による琉球使節の江《え》戸《ど》上《のぼ》りであった。江戸上りは新将軍お祝いの「慶賀使」と、琉球王交代の「謝恩使」の二種類あり、近世にこの日本一壮大な大旅行団は、十八回江戸と琉球の間を往復した。中国装束の大使節団を迎える将軍は、異国支配の権威に満足したが、同時に島津氏も自己の権威を国内に誇示することができた。ふつう島津氏の位階は従四位下であるが、この儀式を行うことにより従三位に特昇することがあった。

他にも、外圧に対する防衛のためにも海外情報が必要であった。江戸時代になっても、琉球の進貢船が海賊に襲われることがあったが、宝永五（一七〇八）年のイタリア人宣教師シドッチが屋久島に侵入したのをはじめ、明和八（一七七一）年のハンガリー人ベニョウスキーの大島寄港、寛政九（一七九七）年・享和三（一八〇三）年・文化十三（一八一六）年のイギリス船の那覇寄港、文政七（一八二四）年のイギリス人を射殺した宝島事件、天保八（一八三七）年のモリソン号事件などが領内で起こっている。弘化元（一八四四）年になると、フランス艦隊が琉球に現れ、王府に通信・貿易・布教を求め、強引に宣教師を琉球に滞在させた（琉球外艦渡来事件という）。以来イギリス、アメリカ艦船の連年の来航が続いた。

このように、薩摩藩は日本の最南端部にあって、外交・軍事両面で一番敏感なところに位置していたため、琉球問題と中国問題によって、幕府やほかの藩に先駆けて、情報問題に非常にセンシティブにならざるを得なかった。

幕府と薩摩藩の決定的な危機意識の差

元和二（一六一六）年、徳川家康は自らの死に際し、「我が屍を西に向けよ」と遺言したと伝えられる。これは、薩摩をはじめ西南の有力藩に家康が強い警戒心をもっていたからだと思われる。

それから二百五十年後、家康の危惧はまさに現実となった。薩摩や長州の討幕派が、明治維新を成し遂げたのだ。その大きな動機となったのは、全国支配などという一大名の野望ではなく、対外的な危機意識の高まりと、日本の独立を守ろうとする純粋なナショナリズムであった。

アヘン戦争による南京条約の締結（一八四二年）は、日本中を震撼させたが、そのショックも嘉永六（一八五三）年のペリーの浦賀来航までには薄らいでいた。しかし、辺境に位置する薩摩藩では、フランス艦隊が通信・貿易・布教を薩摩藩支配下の琉球王国に要求（一八四四年）、翌年イギリスが同様の要求をした。

以後、ペリー艦隊の琉球来航（一八五二年）まで、連年欧米との対外交渉を余儀なくされていた。この時、五代友厚の父・秀尭《ひでたか》が、フランスと和議すべきであるとの対応策を提言している（「琉球秘策」一八四四年）。

島津斉彬や島津久光の愛読書のひとつには、世界の地理書である魏源《ぎげん》の『海国図志』がある。西郷隆盛・大久保利通をはじめとする下級武士たちも読み、世界に目を向けていたことを忘れてはならない。『海国図志』とは、南京条約締結に民族的危機を覚えた魏源が、中国の富国強兵を提唱した書で

天保14年城下絵図【鹿児島県立図書館所蔵】

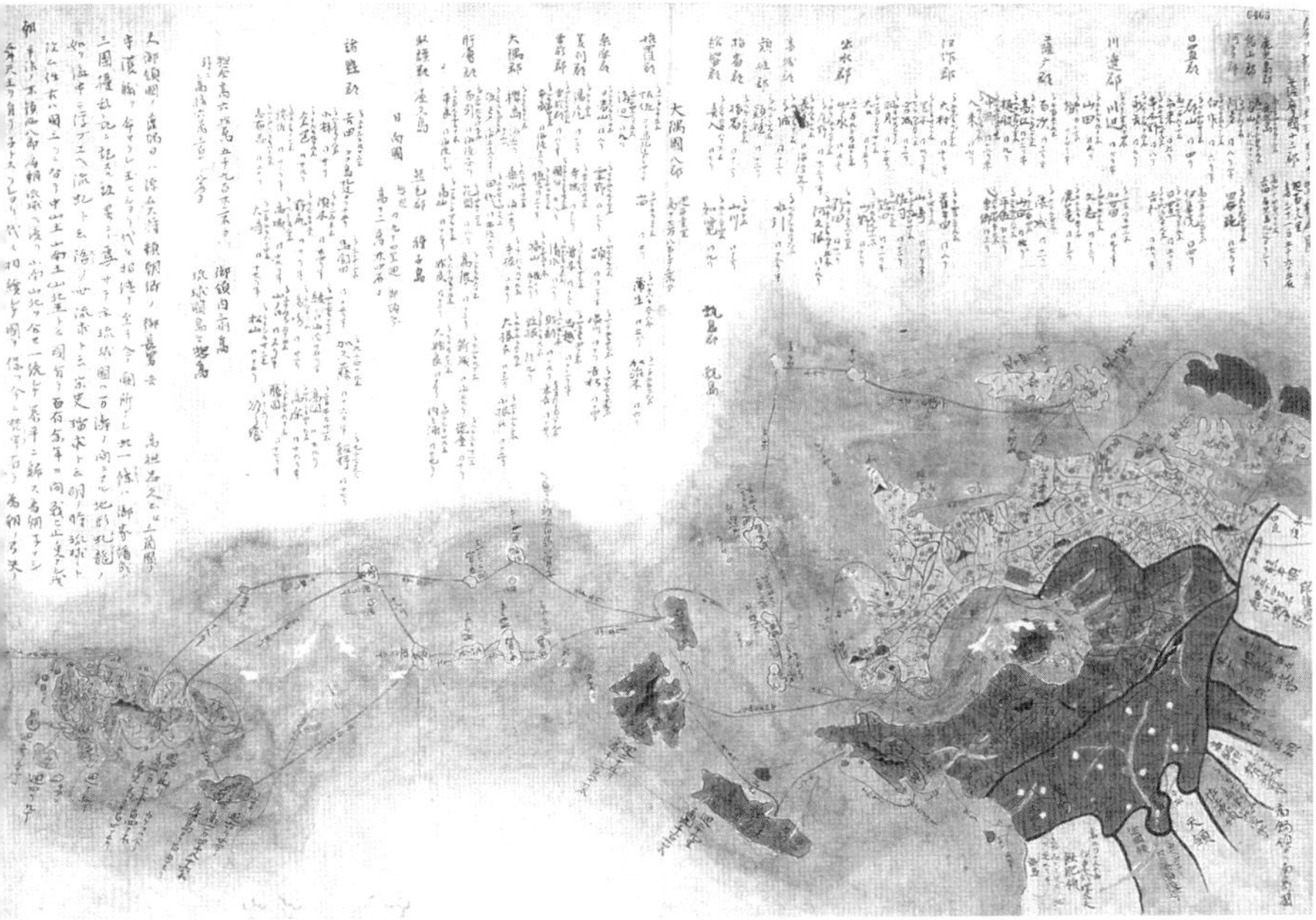
御領内薩隅日琉球島々踏程全図【鹿児島県立図書館所蔵】

ある。その他、林子平の『海国兵談』も初代文部大臣となった森有礼《ありのり》（藩費留学生）に大きな影響を与えている。

　また、琉球王国は貿易の出先機関である琉球館を、中国福建と鹿児島城下に置いていた。大久保利通の父・利世《としよ》は琉球館付役《つけやく》として、その役宅に住んでいたため、利通少年も琉球役人から中国の事情を直接聞ける環境で育っている。琉球役人は北京の国子監に学び、朝貢使節を務めたことのある士大夫《したいふ》（文化官僚）であった。

　天保八（一八三七）年、アメリカ商船モリソン号が薩摩の山川港に現れた時、西郷十歳、大久保七歳であった。少年の彼らが危機意識を強めたのも当然であった。この他、十九世紀薩摩藩領海への渡来船の来航は枚挙にいとまがないくらいに多かった。

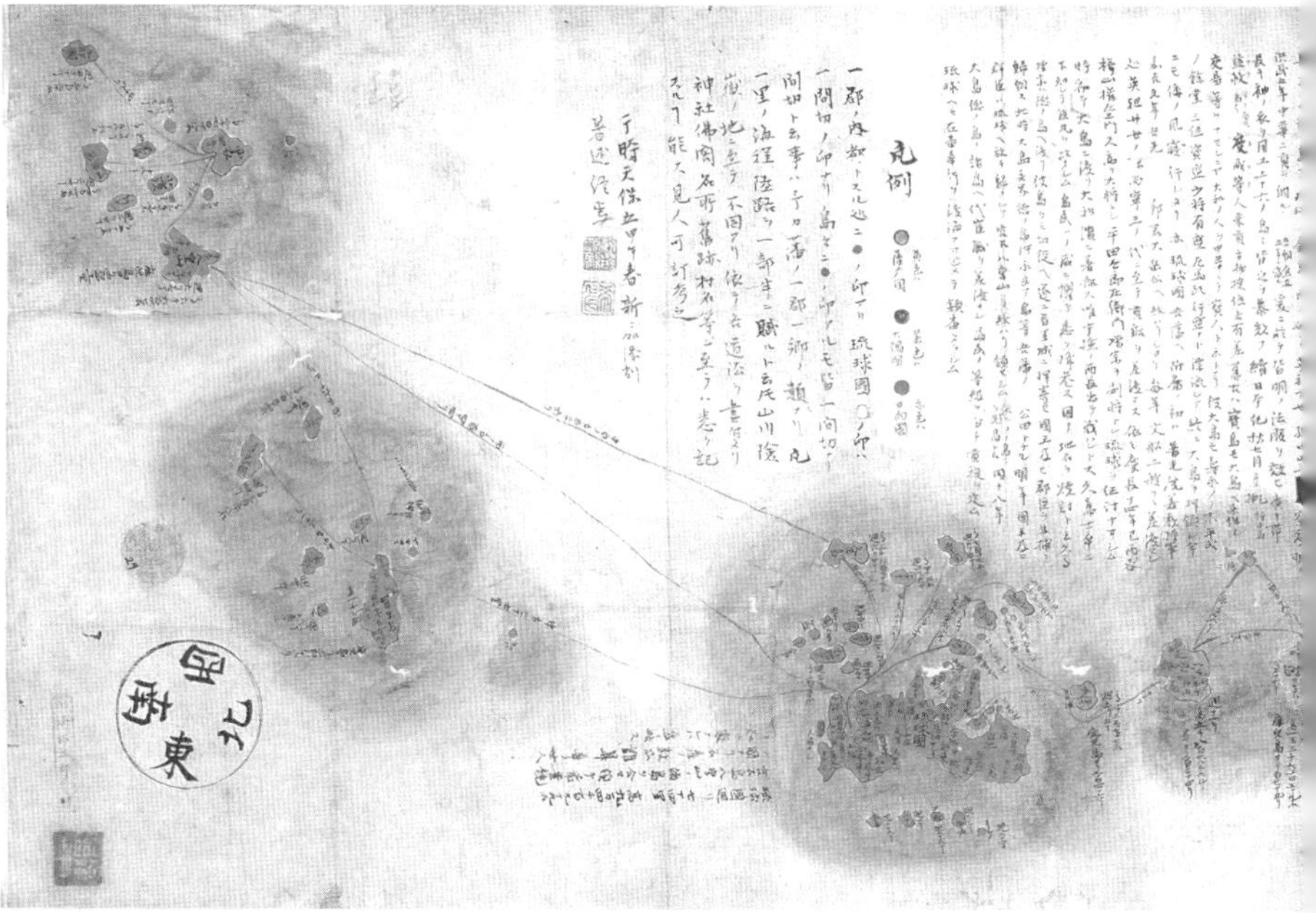

　このように、薩摩はどの藩よりも対外的危機意識を持っており、この危機意識の高さこそが、明治維新への原動力となった。

明治維新の原動力となった薩摩藩の七つの力

　薩摩藩が明治維新の主役と成り得た要因に、私は七つの力が備わっていたためと考える。その七つの力について詳しく見ていきたい。

経済力

　薩摩藩は天保期の財政改革により、五百万両という天文学的に大きい負債を整理した（二五〇ケ年賦無利子返還法、実質踏み倒し）。この財政改革の主任に任命されたのが、調所《ずしょ》広郷《ひろさと》であった。

調所の改革は薩摩ファースト、薩藩モンロー主義の考えにもとづき、徹底した増収、増益を図るものであった。改革は財政改革に端を発し、行政・流通・農政・軍政改革に及ぶ長期の全構造改革であった。主な改革は、奄美の黒糖をはじめとする産物の上方への販売である。奄美の黒砂糖の生産は量的には限界にきていたが、徹底的な流通改革を行うことにより、大坂での黒糖売上が十年間に二百三十五万両に達した。以前の十年間より約百両の増収であった。黒糖のような価格の高下が激しい商品をなるべく高値で売るために出荷調整までしている。

また、ビジネスチャンスを失わないために、調所は領内の豪商たちに融資して造船を奨励した。自藩の船で産物を大坂に回送し、販売するという仕組みである。

こうして貯えた二百万両を元に、道路、湾港、橋梁などインフラ整備に投資し、造船・航海・貿易を強力に押し進めた。すなわち、物流のシステムを整備した。現代風に言えば、ロジスティックスの整備である。自前の船で、蝦夷地の海産物を琉球まで運び、朝貢船で中国福建に運び販売する物流網を築き上げ、金を生み出すシステムを作ることに成功した。調所は、幕府から密貿易の嫌疑を受け、自ら罪をかぶって自決した後も、このシステムは薩摩藩に金を生み出し続けたのである。

さらに、この物流網は、戦時においては軍隊の速やかな移動にも使われた。戊辰戦争の時、奥羽越列藩同盟に与《くみ》しなかった秋田藩が、同盟軍の攻撃を受けて窮地に陥ったとき、その救援に、いち早く新政府軍が駆け付けられたのは、調所がつくったロジスティックスがあったからである。薩摩藩は、他に卓越した海運力、機動力を有していた。

情報力

経済力で説明をしたように、薩摩藩の上方市場への主な商品は、琉球（奄美・沖縄）産の黒糖であった。貿易圏は蝦夷から中国に及ぶグローバルな広域取引であり、このグローバルな商圏が、同時に情報網として機能した。各地から得られる信頼関係に基づく確かな生の情報を元に、素早く方針を決定し、実行するという近代的合理性が育まれていった。

例えば、アメリカの南北戦争によって世界中で「World Cotton Famine」（世界綿花飢饉）が起こった。東アジアの中で日本は有数の綿作地帯であったため、機を見るに敏な薩摩は、繰綿《くりわた》を買い占め、イギリス商人のグラバーと手を組んで、上海を通じて欧米に大量に輸出した。そして膨大な利益を上げ、その利益は討幕資金に充てられた。

また、ヨーロッパの絹織物業が、ペグリンという蚕の疫病で壊滅状態に陥ったことをいち早く知った西郷隆盛は、元治元（一八六四）年に二万両を用い

トーマス・グラバー銅像（長崎県長崎市）【下豊留佳奈氏撮影】

て生糸などを買い占めている。

マーケットのリサーチも念入りで、文久二（一八六二）年には、五代友厚が二度上海に渡航している。

また、慶応元（一八六五）年に薩摩藩は、国禁を犯して使節及び留学生十九名をイギリスに派遣した。従って、イギリスの生の情報もダイレクトに入ってきた。

さらに、幕末には犬猿の仲であった長州と軍事同盟を結んだが、これにしても、倒幕には遺恨を捨てて長州と組むことが重要という、薩摩独自の「名を捨て実を取る」合理性が強く働いたからだ。また、何よりも関門海峡の自由な航行権（「通路」）を薩摩藩は必要としていた。一方、長州藩は朝廷との通路（パイプ）を必要としていた。両藩同盟の本質はここにある。

五代友厚【鹿児島県立図書館所蔵】

外交力

早くからの海外との交流は、国際ビジネスにおいてもタフな外交力（交渉力）を養っていった。文久三（一八六三）年におこった薩英戦争にしても、横浜で和平交渉が行われたが、薩摩は「非はイギ

後列左から畠山義成、高見弥一、村橋久成、東郷愛之進、名越時成
前列左から森有礼、松村淳蔵、中村博愛
【鹿児島県立図書館所蔵】

後列左から朝倉盛明、町田申四郎、鮫島尚信、寺島宗則、吉田清成
前列左から町田清蔵、町田久成、長沢鼎
【鹿児島県立図書館所蔵】

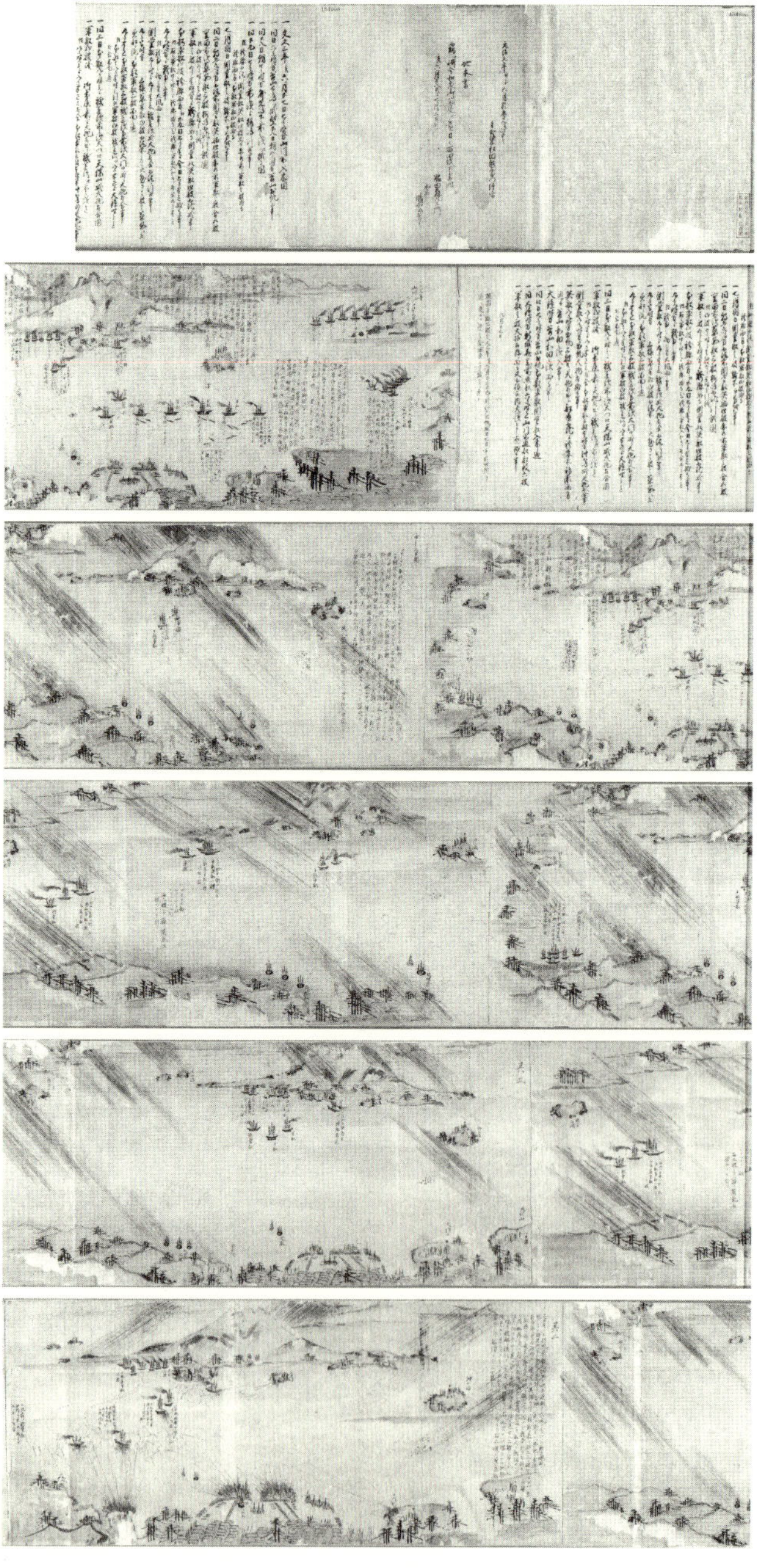

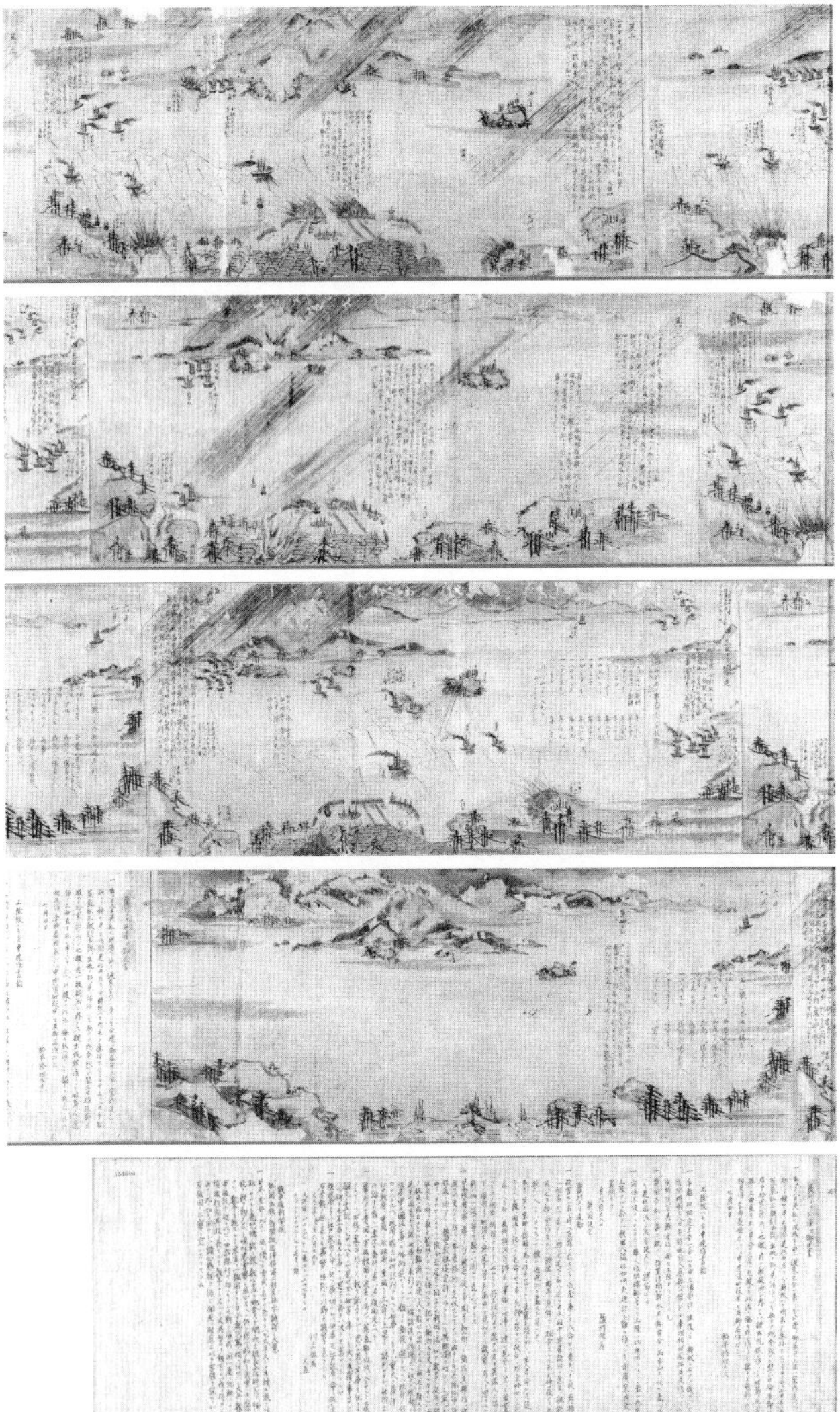

薩英戦争絵巻【鹿児島県立図書館所蔵】

リスにあり」と、一歩も引かなかった。このことが、薩摩有利に交渉を進める結果になった。また、イギリスにも、「幕府よりも薩摩をパートナーに」という気持ちにさせている。談判を損害賠償ではなく、貿易拡大の商談に持ちこんだのは、重野安繹《しげのやすつぐ》の知恵であった。

そして、薩英戦争で世界最強のイギリス東洋艦隊との戦いを経験する中で、これからは万国公法、国際法が必要だと気づき、久光は御庭方役の重野安繹らに万国公法の翻訳を命じている。

戦後の和平談判を通じ、薩摩藩はイギリスと提携し、留学生派遣や紡績技術者の招聘《しょうへい》、軍艦の買い付けなどで、薩英の信頼関係を築き、薩摩の富国強兵策は大きく前進していくことになった。

留学生派遣の使節・寺島宗則は、外相クラレンドンと交渉し、イギリスの薩摩支援をとりつけた。また、五代友厚は、国交のないベルギーに赴き、ベルギー商社設立の仮契約を結んだ。

この商社の事業の一環に、慶応三(一八六七)年に開かれる予定のパリ万国博覧会への参加があった。まるで薩摩が独立国であるかのごとく、「日本薩摩太守政府」の名義で、幕府とは別に出展をしたため、幕府の国際社会での権威は失墜した。

幕府の陸軍奉行・小栗上野介が期待した、フランスから幕府への六百万ドルもの借款も流れ、幕府の軍備強化の道筋は失われた。また、派遣された徳川慶喜の弟・昭武《あきたけ》は、フランスからの帰りの船で鹿児島が見えると、「あの、ならずものの薩摩め!」とフランス語で日記に書いたほどであった。

政治力

五百万両の借金を事実上踏み倒し、密貿易を拡大し、さらに二百九十万両に及ぶ天保通宝の偽造など、リスキーで大胆な薩摩藩の活動は、政治力が背景になければ不可能であった。

八代藩主島津重豪は、娘の茂姫《しげひめ》を、十一代将軍徳川家斉となる一橋豊千代に正室として嫁がせた。外様の大名の娘が将軍の御台所になるのは、異例のことであった。さらに、十一代藩主斉彬が、養女の篤姫を十三代将軍徳川家定の正室とし、将軍家との関係を強化した。茂姫と篤姫は、島津家と徳川家との強力なパイプ（「通路」）であった。

また、島津家は、公家筆頭の近衛家の姻戚でもあった。近衛忠煕《ただひろ》の奥方が第九代藩主島津斉宣《なりのぶ》の娘・郁姫《いくひめ》であったという縁がある。公家にパイプがあることは、天皇に意思を通じるのに役立った。郁姫が近衛家に嫁ぐ際、斉宣はすでに隠居をしていたため、郁姫は十代藩主島津斉興の娘として育った。そして、この郁姫付として近衛家に入ったのが幾島《いくしま》であった。

嘉永三（一八五〇）年に郁姫が亡くなった後も、忠煕に気に入られた幾島は近衛家に留まり郁姫の菩提を弔っていた。そこへ篤姫の輿入れ話が上がり、幾島は御年寄として大奥に入り篤姫を支え続けた。そして、忠煕と郁姫の間に生まれた忠房は、斉彬の養女・貞姫を正室に迎えた。貞姫の世話係を務めたのが、薩摩藩家老の小松帯刀であった。そのため、小松は、近衛家に自由に出入りできる立場となった。近衛家には、大久保利通も出入りできるようになった。

このように、姫たちの縁組関係により、外様大名の島津家は政治的発言力を強めていったのだった。

軍事力

このような強大な政治力を背景にして、天保の改革により財政力・経済力を蓄え、その資金を元に、島津斉彬は西洋工業技術を移植した。集成館事業である。

大型の鉄製の大砲を作るための反射炉の建設や、雨の中でも発射できる雷管銃の製造など行った。そのために必要なエタノールを、斉彬は芋焼酎から作ることを命じた。シラス台地の薩摩に、いくらでもあるサツマイモを軍備に使うという着眼点には驚かされる。

また、芋焼酎は軍備として使うだけではなく、飲みやすく改良し、今では鹿児島県の特産品にもなっている。薩摩切子もこのとき生まれた美術工芸品である。

こうして、工業社会の基幹産業である製鉄・造船・紡績業を他藩に先駆けて導入し、強大な軍事力を構築していったのであった。

また、京都で大砲を使った軍事演習をするため、広大な岡崎屋敷を所有していた。

慶応二（一八六六）年正月二十八日、京都に滞在していた薩摩藩家老の桂久武《かつらひさたけ》は、その上京日記に「此日岡崎御屋敷毎月例之通之一陣調練有之由」と、岡

桂　久武【鹿児島県立図書館所蔵】

崎に設けられた屋敷（調練場）での月例調練について記している。

岡崎屋敷の正確な位置や規模、存続期間がわかる古地図は、古地図研究第一人者で佛教大学非常勤講師の伊東宗裕氏と、歴史研究家の原田良子氏によって確認された。

それは、京都女子大学所蔵の「鴨川沿革橋図」巻子本《かんす》（巻物）の中に収められていた。明治三十一（一八九八）年に京都の篤志家、熊谷直行（鳩居堂第八代当主）が、鴨川の橋についてまとめたものである。従来の古地図と異なり、道路の形状、屋敷の輪郭が比較的正確に描かれている。薩州屋敷の部分には「元治元年四月外柵成、慶応四年取払、其後此処ヲ分割シテ横須賀・大聖寺・秋田・富山ノ邸ヲ設ク」「ヌエ塚、ヒメ塚、西天王寺」とある。鵺《ぬえ》塚、秘塚という古墳は昭和三十年まで現・岡崎公園に存在（その後移設）。そこから場所が特定できた。

面積も「凡　五万二千二百拾坪」と記載されている。おおよその形状から、岡崎公園から西にあるロームシアター京都と平安神宮のほとんどが岡崎屋敷内と推定できる。

元治元（一八六四）年四月に外柵を成し、月日の記載を欠くが慶応四年に引き払い、分割して、横須賀・大聖寺《だいしょうじ》・秋田・富山藩邸となったことは慶応四年の古地図からも確かめられる。隣接する越前、芸州（安芸）、加賀屋敷の坪数などが明記されている点も画期的である。とくに、安芸広島藩と薩摩藩は、慶応三年九月挙兵討幕を約する間柄であった。

元治元年四月、西郷隆盛は沖永良部島から赦免召喚され上洛していた。前月、国父《こくふ》島津久光は尽力した参与会議の解散を余儀なくされた。一橋慶喜が宸翰の草稿問題で久光を警戒し排除したことによる。同四月十八日、久光は失意の中、大久保利通を同道して薩摩へ向けて出立し、京都は家老の小松帯刀と西郷隆盛に委ねられた。五月十二日付の西郷から国元の大久保への書簡に、久光の意向である禁裏守護に徹していることが記されている。

岡崎屋敷も、この禁裏守護の目的で設けられたと考えられる。屋敷を見下ろす高台にある黒谷・金《こん》戒光明寺《かいこうみょうじ》は、文久二（一八六二）年、京都守護職として会津藩主、松平容保《かたもり》が本陣としている。翌文久三年、会津藩と薩摩藩は「八月十八日の政変」で力を合わせた。

元治元年七月十九日の禁門の変でも薩摩藩は禁裏守護を貫き、西郷が指揮した。その精兵、砲隊の調練は岡崎で間違いない。

二年後の慶応二（一八六六）年正月二十一日、御花畑屋敷で薩長同盟は結ばれた。

その後、桂久武は小松帯刀とともに、洛西衣笠山《きぬがさやま》の麓（現・立命館大学衣笠キャンパス周辺）に新たな調練場を設ける調査をしている。小松原村の薩摩藩の調練場である。京都での薩摩藩の軍事的存在感は高まる一方であった。

ところで、坂本龍馬が寺田屋で襲撃された際に押収された荷物の中に、薩長の談合に関する書面があった。その内容が、「京坂書通写《けいはんしょつううつし》」（鳥取県立博物館蔵）に書かれており、薩長両藩が協力して会津藩を京都から追放する取り決めがあったことがわかった。これらのことからも薩長同盟は、場合によって「決戦やむなし」の決意を持った軍事同盟と考えられる。薩摩藩の調練場では、英国式兵学者の上《うえ》田《だ》藩士赤松小三郎を招き、英国式歩兵への練兵も行われた。鳥羽伏見の戦いでは、その英国式歩兵も錦の御旗とともに最大限に生かされた。

桂久武は、慶応二年二月十二日に「幸神口橋普請見物として参候」と御幸橋の普請を見学している。今回の古地図は御幸橋（現・荒神橋）の解説に付したものであった。その内容は史料の「御幸橋（中略）慶応二年二月、工を興し八箇月にして成るを告く」とも一致する。久武は、京都見物をしながら反物や清水焼などを買い求めた。前年末にパリ万博の契約がベルギー商社との間で交わされており、その準備とも考えられる。

教育力

「学問ノ要ハ政事ノ根本」という言葉が残っているように、島津斉彬がとくに力を入れたのが人材育成だった。藩校造士館《ぞうしかん》の改革に着手し、儒学に加えて西洋の実学を学習の中心に置いた。さらに、国学を学ぶための国学館と、洋学を学ぶための洋学所を開設するための調査を命じている。洋学を学ぶ者は、国学をしっかりと学ばなければならないという、斉彬の考え方があったのだろう。多くの人を勉強のため藩外に送り出し、欧州への留学生派遣も計画した。

従来薩摩では、郷中《ごじゅう》教育を通して「兵児気質《へこかたぎ》」という薩摩武士精神が培われていた。これは、端的に言うと、厳格かつ頑なに質朴勇武を貫き、風俗や規律を乱すことを激しく嫌う精神性のことだ。郷中とは、地域ごとに組織された青少年グループのことで、グループ内の先輩が後輩を指導する教育システムである。年長者が郷中を統率し、戦となれば、郷中単位ごとに出兵した。そのため、郷中内の

造士館跡（現・鹿児島市中央公園）【下豊留佳奈氏撮影】

造士館・演武館の記

薩摩藩72万石の第25代藩主・島津重豪《しまづしげひで》は、1773（安永2）年、有能な人材を育成するため、鶴丸城前のこの広い敷地に藩校・造士館（はじめ聖堂という）と演武館（はじめ武芸稽古場《ぶげいけいこじょう》）を創設した。造士館では、教授・助教《じょきょう》・都講《とこう》などの指導者のもと、8歳から21～22歳の城下士子弟《じょうかししてい》数百名が朱子学《しゅしがく》を中心に多様な教科を学んだが、庶民の聴講《ちょうこう》も許されていた。中国高官や琉球国王の扁額《へんがく》が掲《かか》げられているように国際色が豊かであり、唐通事《とうつうじ》や朝鮮通事《ちょうせんつうじ》という通訳官も養成された。

演武館は、剣術・槍術《そうじゅつ》・弓術《きゅうじゅつ》・馬術など、藩中武芸の中心道場であった。示現《じげん》流剣術の東郷家《とうごうけ》、御家伝犬追物《いぬおうもの》の川上家《かわかみけ》など師範《しはん》22家が厳しく指導にあたった。両施設の運営資金は藩から与えられ、生徒からは学費を徴収しなかった。

西郷隆盛《さいごうたかもり》・大久保利通《おおくぼとしみち》ら、幕末維新期に日本の歴史を動かした若者の多くがこの地で人格を陶冶《とうや》したのである。

造士館・演武館の記 【下豊留佳奈氏撮影】

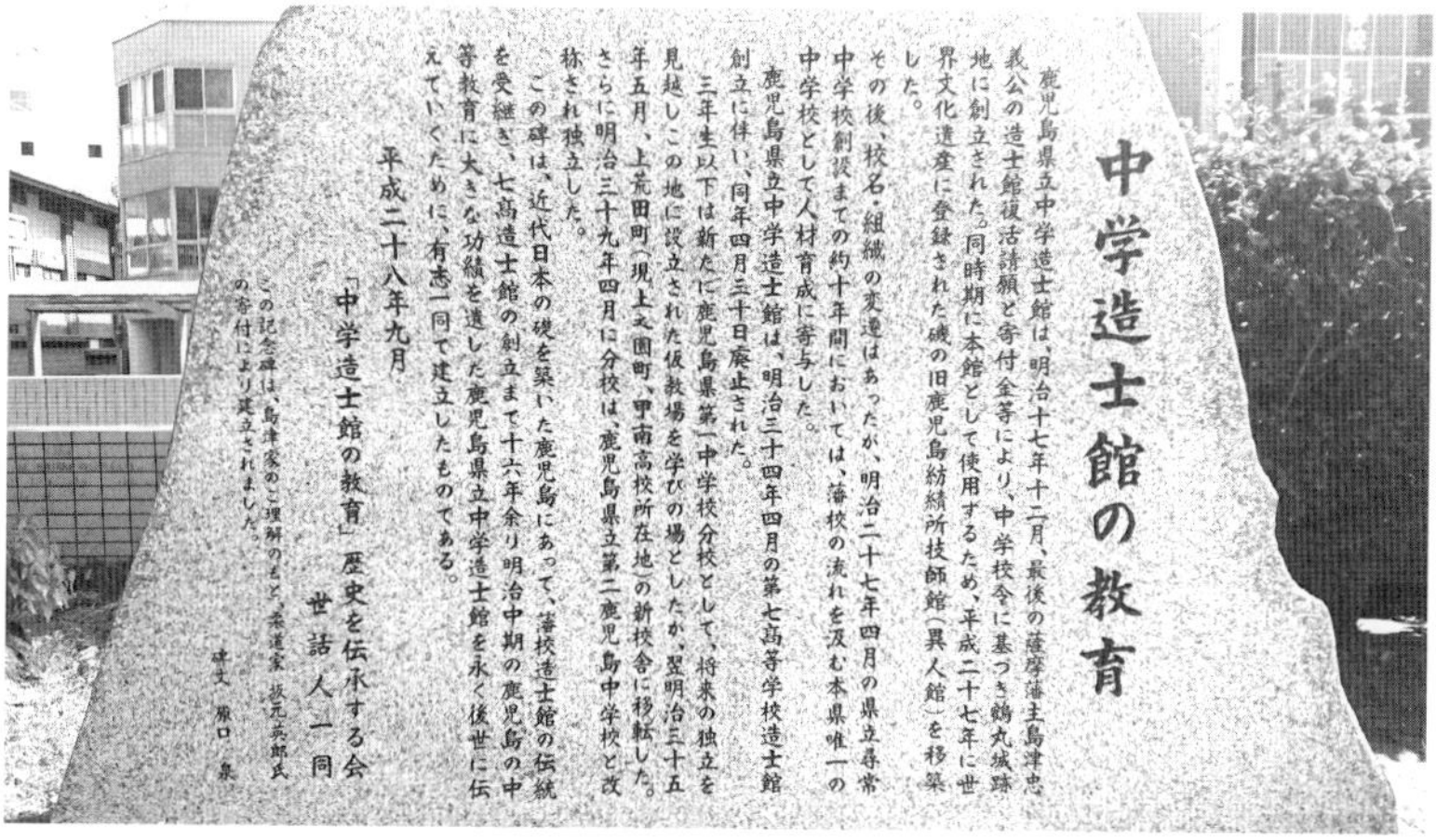

原口　泉解説「中学造士館教育の碑」（現・鹿児島市中央公園）【下豊留佳奈氏撮影】

忠孝尚武の教育は非常に厳しく、風俗を乱しているなどのうわさの立つような者がいれば、その人物を徹底的に調べ、場合によっては郷中追放（郷中放し）にするほどであった。

郷中教育のカリキュラムの中に、「詮議《せんぎ》」というものがある。詮議とは、先輩の問いかけに対して、即座に返答をしなければならないという、即断即決の訓練をするものである。即時に判断し、行動する力を身につけることで、人は「損得」ではなく「善悪」で行動できるようになるのだ。文久二（一八六二）年に起こった、生麦事件がまさに「詮議」の賜物である。神奈川宿の手前の生麦村に差し掛かった薩摩藩の島津久光一行の行列を乱したイギリス人リチャードソンを、同藩士が殺傷した。リチャードソンに一撃を与えたのは自顕流の達人・奈良原喜左衛門《ならばらきざえもん》、とどめを刺したのは供頭・海江田武次《かいえだたけじ》であった。イギリス人が差し掛かった時点で、瞬時に「刺す」と判断し、判断と同時に「抜即斬《ぬきそくざん》」（抜刀と同時に斬る）と行動したのだ。主君である久光に何かあってからでは遅い。

また、薩摩には「議をいうな」という教えがある。「議をいうな」と言葉だけ聞くと少し乱暴のようにも聞こえるが、これは単に言い訳をするなということで、議論封じに使う言葉ではない。議論を尽くして決まったことや、結果が出てしまったことに対して、ぐじぐじと言い訳や不平不満を言うのではなく、前をみなさいという言葉である。よって、事が決まった時の団結力は凄まじいのである。

組織力

教育による人材育成は勿論だが、藩を支えたのは家老をはじめとする家臣団の組織力である。計画を立て、実行するための段取りをつけ、実行するという組織の機動力が薩摩にはあった。薩摩藩七十二万石は、日本全国に三百ある藩という企業の中で、非常に大きな藩であり、もっとも古い家でありながら組織が活性化した典型的な例だったといえる。

その組織の要に当たる位置には、優れた家老がいた。西郷隆盛や大久保利通をはじめとする下級武士の「精忠組《せいちゅうぐみ》」と、藩の絶対的権力者である国父・島津久光との間に位置する家老は、上と下とをつな

島津久光【鹿児島県立図書館所蔵】

ぐ中間管理職的な役割を果たした。

また、島津久光は、長男の忠義が薩摩藩の藩主であり、次男の久治は宮之城島津家、四男珍彦《うずひこ》は重富《しげとみ》島津家、五男忠欽《ただかた》は今和泉島津家、と島津分家をそれぞれ相続させ、権力を集中させた。

明治維新を、藩が分裂することなく挙藩体制で迎えられたのは、唯一薩摩藩だけであったが、これはまさに組織としてまとまり、藩を動かす力があったからこそであった。

薩摩藩には、門閥から下級武士までリジッドな家格制度があったが、下級武士から家老となって改革にあたった調所広郷や藩主島津斉宣の家老になった秩父太郎の例がある。また、琉球貿易の豪商、福山郷の厚地《あっち》家は、福山郷の最高職郷士年寄《ごうしとしより》役に上昇している。人材登用において、内実フレキシブルな面を持っていたといえる。

目標はオールジャパンの集権国家

このように、経済力、情報力、外交力、政治力、軍事力、教育力、組織力ともに優れていた薩摩藩は、その力をどのように使ったのか。

目指すべき目標は、非常に明快だった。それは、外様大名も国政に参加した集権国家をつくるということである。

世子であった島津斉彬は、オランダ通詞から入手した情報をもとに『清国阿片戦争始末に関する聞書』を書き写している。書き写しながら、なぜ清国国土の四十分の一しかないイギリスが中国に勝利したのかと考えたのだろう。清国の兵力は八十八万、対するイギリスの兵力はたったの二万だった。

斉彬の結論は、清国が省ごとに分権された国家だからというものだった。イギリスは国が一つにまとまっている、それこそが勝因だと、斉彬は家臣たちに教えていた。翻ってみると、日本は三百藩に分権された状態だ。これでは、西洋諸国に勝つことはできない。日本が植民地化されないためには、集権国家をつくることが急務だと強く感じたのである。

嘉永四（一八五一）年、斉彬は第十一代薩摩藩主に就任すると、時を惜しむかのように藩内の軍事力の強化や産業の育成を進めた。富国強兵のため集成館事業を起こし、西洋の工業技術の導入を図ったの

昇平丸像（鹿児島県垂水市）　【下豊留佳奈氏撮影】

もこの危機意識の表れであった。

また、幕府老中・阿部正弘とともに、外様大名も含めた諸藩の連合艦隊を構想した。その総船印として斉彬が提案したものが日の丸で、後に日本の国旗に採用された。

幕藩体制の根幹「武家諸法度」の変更を求める提案も行った。各大名が参勤交代時に鉄砲などの武器を装備できるようにし、また、御法度であった五百石積以上の軍艦の建造をできるようにするという変更であった。ペリー来航という一大事が起こり、幕府はこれを認めることとなった。二百年以上、綿々と守られてきた「武家諸法度」が、一外様大名の提案によって変更された事実は、江戸時代の政治史を考えるうえで極めて大きい意味を持っている。

当時、斉彬の頭に「討幕」の文字はなかったはずだが、この変更により、この後各藩が幕府のお咎めなしに軍隊を動かし、軍艦を持つことを可能にしたのだ。幕藩体制の弱体化、瓦解は、この時から始まり、維新へのお膳立てが整ったといえる。

兵糧と弾薬から見た戊辰戦争

薩摩藩は幕末・維新の戦に挙藩体制で臨み、新政府軍に最大の兵力を送った。総兵力は約六千人に達した。その兵力を支えたのが兵糧米と弾薬であり、そこに薩摩藩の周到な準備と、「小松帯刀の縁」

を見ることができる。

島津久光が中央政界にうって出たのが文久二（一八六二）年四月だった。肥後藩士が記した京都市中の評判では、千五百〜千六百人が三十余日滞京したが、薩摩藩は米をあらかじめ用意し、市中で一合も買わなかった。

従って、京都の米価は高騰しなかった。それどころか旅宿は満杯となり、心付け金までもらい大喜びであった、と記している。ついに久光は「薩州大明神」とまで崇められている。（『採襍録』一、日本史籍協会叢書）

だが元来、薩摩藩にとって米は貨幣以上に貴重だった。藩領は八割方が火山灰特殊土壌に覆われ、水田稲作に不適であったからだ。

島津久光は上京前の文久二年、山口・下関の海運業者、白石正一郎に、出兵の際の兵糧米購入費など二万両余を与えている。白石は長州藩の尊王攘夷派を支援したことで知られる。

翌文久三年以降、薩摩藩の米調達はさらに本格化する。同年二月、薩摩藩家老の小松帯刀が、肥後の人吉藩に金五千両を融通した。大火で焼失した人吉城下町復興のためだったが、この契約は十年年

小松帯刀【鹿児島県立図書館所蔵】

賦の米で返済するものだった。

同八月、安芸国の広島藩に十万両を融資、こちらも返済は毎年米一万石とした。最終的には広島から銅・鉄・木綿などのほか、米三万石が送られた。

『芸藩志』によれば、この薩芸交易は慶応元（一八六五）年まで続いた。

広島藩から薩摩藩への米は、広島に囲米《かこいまい》（保管）され、元治元（一八六四）年七月二十二日、長州藩と戦った「禁門の変」の後、京都に運ばれた。小倉に出張中の園田という薩摩藩士は、広島藩の囲米について、次のように報告している。

「彼（広島藩）ヨリ請取ルベキ米穀ヲ、彼地ノ各所ニ蓄積シタルモノナリ、斯クノ如ク三千七百石ヲ予備スルトキハ、三四千ノ兵員ヲ養フニハ多日ノ用タリ、此ノ地出軍ノ際、規定ノ如ク三十日ノ用ヲ備ヘテ運送シ」

園田の報告によると、小倉・福岡の間にも、薩摩藩の囲米があったという。

さらに禁門の変で天竜寺討手の総大将であった小松帯刀は、長州より分捕った五百俵の米を、薩州名義で京都の被災民に配った。薩摩は京都の人民の味方であり、長州は朝敵であるというパフォーマ

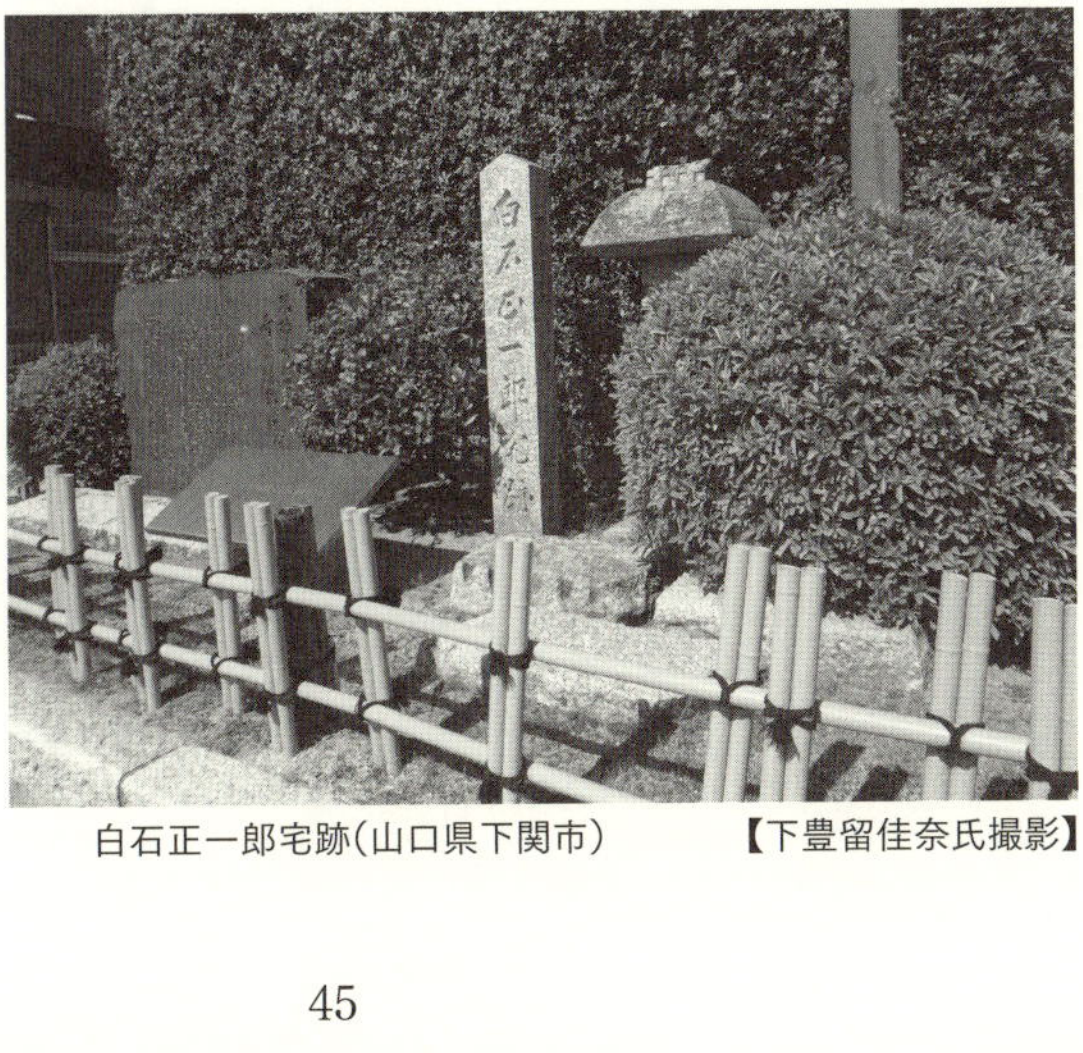

白石正一郎宅跡（山口県下関市）　【下豊留佳奈氏撮影】

ンスでもあった。

慶応二（一八六六）年、薩長同盟が成立すると薩摩藩は、坂本龍馬の亀山社中を介して、長州からも米を入手した。武器購入を禁止されている長州へ、武器を提供する見返りである。

米だけではない。携帯の兵食に関しては、島津斉彬が集成館で「蒸餅」を数千個試作している。今でいうビスケットであろう。北陸・東北・箱館と戦線が広がった戊辰戦争で、薩摩兵が飢えを凌げたのは、この軍用ビスケットがあったからだともいう。

亀山社中跡（長崎県長崎市）
【下豊留佳奈氏撮影】

斉彬は家臣に兵食の大切さを次のように説く。
「軍ノ要ハ兵士ヲ大切ニシ第一食事不欠乏《けつぼうせざる》ヤウニ心ヲ用ルヲ肝要トス。此品ハ攻守ノ間ニオヒテ已ムヲ得ザル場合ニ用ル手当ナレバ分《わけ》テ念ヲ入レ味ヨキヤウニ製スベシ、費《ついえ》ヲ厭《いと》ウ事勿《なか》レ」（『斉彬公言行録』一）
籾米はそのままでは食べられない。小松帯刀が、五摂家筆頭の近衛家から拝借した屋敷「御花畑」に、精米用の水車があった。そして、軍隊にとって兵糧と並んで重要な弾薬も「小松」に縁があった。
二本松薩摩藩邸（現京都市上京区）から西へ約三キロの山城国葛野《かどの》郡小松原村に薩摩藩調練場があっ

た。場内にあった弾薬庫のおかげで薩摩藩は鳥羽・伏見の戦で圧勝したといえる。

この小松原の地名は、源平の昔、平重盛の屋敷があったことに由来する。重盛は「小松の内大臣」とも呼ばれた。一方、御花畑に住んでいた小松帯刀の先祖も重盛とされている。薩摩琵琶の名手である帯刀は、御花畑邸で名曲「小松の操」を弾いていたかもしれない。

弾薬はいかに調達したのだろうか。第十一代藩主島津斉彬は集成館事業で、起爆薬として使われる雷粉（雷酸水銀）の精製に成功した。精製過程で使われたのが芋焼酎だった。鹿児島特産の芋焼酎は、軍事産業の副産物として広がったといえる。

さらに斉彬は滝之上《たきのかみ》火薬製造所を拡大した。文久三（一八六三）年には敷根郷《ごう》（現・霧島市）に火薬製造工場ができた。イギリス式黒色火薬を年間約二十四トン生産できる、わが国最大級の工場だった。翌年、西郷隆盛の弟・吉二郎が銃薬製造係となった。ちなみに、俳優・西田敏行さんの曽祖父・西田源左衛門は薩摩藩士であり、火薬局掛見聞役という役職で、滝之上火薬製造所を取り仕切る役人であった。薩英戦争では弾薬を各砲台に運搬している。

ここで造られた弾薬が京都へ運ばれ、小松原村弾

高島鞆之助【鹿児島県立図書館所蔵】

薬庫に隠されていた。弾薬庫の大目付役が高島六三（一八三六〜一九一〇年）である。西郷がもっとも目をかけた高島鞆之助《とものすけ》（大阪鎮台司令長官、陸軍大臣など歴任）のいとこである。『小松原附近郷土史』（高島健三著）によれば、六三も戊辰戦争を西郷指揮の下で戦った。鳥羽・伏見の戦で、苦心して弾薬を戦線に送り、戦況を有利に導いたのは六三の手柄である。

六三は、慶応三（一八六七）年十一月二十日、島津久光に従い入洛した。六三は砲術掛作事目付《がかりさくじめつけ》、ならびに小松原の調練場取り締まりを任された。六三は調練場に稲荷大神を勧請している。稲荷神は島津氏の守り神である。小松帯刀の御花畑にも祀られていた。

小松原村調練場は一万六千坪余あり、陣屋、休息所、勤番所、弾薬庫があった。これらは古材木で建築されている。

実は小松は、御花畑を借り受けた後、改修に取り組んだ。藩士居住の長屋、漬物小屋など台所関係も増築した。京都府行政文書によると、長屋だけで百六十二坪もあった。御花畑は近衛家の雅な屋敷から、薩摩の準藩邸と化していることが読み取れる。この改修工事で出た材木を、小松原の調練場で利用したであろう。島津久光も西郷隆盛らを従えて調練を謁見した。

剽悍《ひょうかん》無双といわれた六三は、大目付役として連日藩士の銃砲調練を監督した。慶応三年九月には間近に迫った倒幕挙兵のため、連日、軍事調練を行った。その様子は熾烈を極め、京都人の心胆を潰している。六三が士気を鼓舞するために、「ピーヒョロロ」との西洋音楽を奏でたと伝わる。これは京都の山国隊《やまぐにたい》が使った音楽だという。山国隊は、京都の三大祭の一つである「時代祭」で、行列の先頭を行く。

幕府側も六三らが守る弾薬庫の存在には気付いていた。鳥羽・伏見の戦の前、佐幕派はしばしば、弾薬庫の爆破を計画した。六三は夜陰に乗じ、少しずつ火薬庫から弾薬を取り出して、近くの庄屋、桂甚五郎の土蔵に隠した。戦いが始まると土蔵から肥桶に火薬を詰め戦線に送った。

六三は、維新の陰の功労者であった。京都で山陰道鎮撫《ちんぶ》総督の西園寺公望《さいおんじきんもち》とも親交があった。西園寺に初めて牛肉を奨めたともいう。また、住居としていた勤番所は西郷もよく泊まっており、このため西南戦争時は、西郷と通じないように六三は京都の座敷牢に拘束された。

いずれにせよ薩摩藩は、戊辰戦争に挙藩体制で臨み、新政府軍に最大の兵力を送った。その総合兵力は銃砲隊総計四十二小隊（実動四十一）、砲隊六隊、軍艦二隻であった。一小隊兵員数は百人前後だから、戦兵合計四千五百人、士分以下含めると約六千人が動員された。

その兵力を支えたのは、薩摩藩が蓄えた米と弾薬の力であった。武器弾薬と兵糧、兵員を送る蒸気船の機動力も諸藩中第一であった。

緒戦に勝利しても、兵站がその後の勝敗を左右することを、先の大戦（太平洋戦争）も教えている。

資金繰りをした大久保利通

慶応四（一八六八）年正月、戊辰戦争が始まった。薩摩藩の大久保利通は旧習を一掃し、「御一新」を実現するため、大坂遷都の建白書を提出した。建白書は一月二十三日、朝議にかけられたが、公家の猛反対に遭った。

だが、あきらめる大久保ではない。妥協案として天皇の大坂行幸が二十八日決定された。大坂は飛鳥時代の七世紀、難波長柄豊碕宮《なにわのながらのとよさきのみや》があった所である。「御親征難波江御発輦行幸之図」（大阪城天守閣所蔵）には総勢千六百五十五人の賑々《にぎにぎ》しい大行列が描かれている。三月二十一日京都を発った一行は、石清水八幡宮と守口《もりぐち》盛泉寺に泊した後、二十三日には大坂北御堂の西本願寺に入った。

大久保利通肖像【鹿児島県立図書館所蔵】

大坂遷都は中止されたが、四月、力強い援軍が現われる。前島退蔵（密《ひそか》）が大久保に江戸遷都を建言したのである。前島は巻退蔵と名乗り、慶応元（一八六五）年に薩摩藩の開成所に英語教師として赴任しており、大久保とは旧知だった。

その前島は、江戸遷都の建白書を京都の大久保に届けた。四月十一日に江戸城受取が行われたものの、江戸の旧幕臣や関東奥羽諸藩の動向に不穏なものがあった。前島は今後の東北政策を考えても、大坂より江戸が有利であると訴えた。大久保も東京遷都に異論は無かった。東京なら親政を行う新しい天皇のイメージができ、宮廷を一挙に刷新することができる。

大久保は「遷都」という言葉は使わず、なし崩し的に遷都を実現した。まず七月十七日東幸の詔が出された。「九月二十日天皇は三三〇〇人余の供奉者とともに京都を出発し、十月十三日江戸城に着き、これを東京城と改めるとともに皇居とすると宣言した」（吉川弘文館『国史大辞典』）。

十二月二十二日天皇はいったん京都へ還幸したが、翌二年三月二十八日には再び東京に入り、以後、実質的に東京が都になった。

ところで、大久保発案の難波親征と東幸の費用は、どのように工面されたのであろうか。

NHK朝の連続テレビ小説「あさが来た」で有名になった広岡家（加島屋《かじまや》）には「御東幸日誌」（明治元年八月十日～九月十六日）が残されている。それによると、八月十七日、鴻池、加島屋ら四人が呼び出され、ご東幸の役を達せられた。このとき「金穀出納役辞令」が交付され、加島屋の八代、広岡久右衛門正饒《まさあつ》は天皇の東京行幸の資金調達係に任命された。東京行幸の膨大な費用を、加島屋など大坂商人を会計官（明治二年に大蔵省と改称）御用に任じることにより調達しようとしたというわけだ。

広岡浅子の実家である京都出水《でみず》の三井家も、道中の出納業務と不足金の調達を命じられた。三井高明は自ら鳳輦《ほうれん》に随従した。総人数二千五百五十二人が馬三十八足で品川宿に宿泊した費用六百五十七両が記録されている（三井文庫『史料が語る三井のあゆみ』）。

幕府との結びつきも深かった三井家が、いつ薩摩藩にくら替えしたのか。

三井高明の日記によると、慶応三（一八六七）年四月二十七日に薩摩藩の家老、小松帯刀ら九名が三井家を訪問したとある。美術品観賞が表向きの名目だったが、小松は当時、薩摩藩を代表して多忙を極めていた。美術品を見るのを隠れ蓑にして、何らかの関係を築こうとしたに違いない。

この年の十二月晦日、三井は新政府の金穀出納所に一千両を献納した。さらに、戊辰戦争が始まった慶応四（一八六八）年正月十九日には小野、島田と連名で金一万両を献納した。

同じ慶応四年四月、広岡家の当主・久右衛門は大久保市藏（利通）と木戸準一郎（孝允）両名あてに金七千五百両の預かり証を出している。利息四朱を払うと約束した証書である。もともとは広岡から薩長へ献納された金を、広岡に預けて、薩長側が利息を得るという寸法だ。

大久保は、大坂遷都や東幸を企画しながら、同時に資金面のやりくりに余念がなかった。これこそが明治の大政治家、大久保の真骨頂であろう。

マルクス史観が覆い隠した維新

私がアメリカ中西部のネブラスカ州立大附属ハイスクールを卒業したのは、昭和四十（一九六五）年五月だった。ジョンソン大統領がベトナム北爆を開始して三カ月後のことである。ベトナム戦争はその後十年間続き、昭和五十（一九七五）年四月のサイゴン陥落によって終わった。

昭和三十九（一九六四）年に人種差別を禁じる公民権法ができたばかりで、キング牧師が公民権運動とベトナム反戦運動を展開していた。そのキング牧師が昭和四十三（一九六八）年四月に暗殺されたのを知ったのは、東京で学生生活を送っている時だった。

私が進学したのは東京大学文学部国史学科。「国史」という学科名は旧帝国大学系で使っていた。高校まで「日本史」になじんでいたので疑問を感じた。その疑問も、大学院の国史学専攻課程に進み、歴史学の精緻な分析に没頭するうちに消えていった。

『出版ニュース』（二〇一五年二月上旬号）の巻頭言を見て、このかつての疑問を思い出した。そこにはこうあった。

「『国史』という言い方には、相手が意識されていないという風に思えます。一方、『日本史』と言ったら、『世界史』が伴うように思えます。それは『言葉』の意味に違いがあるのではなく、言葉が使われた時代や状況が付帯しているようです。黄門様の『大日本史』も頼山陽の『日本外史』も維新の原動力です。維新は外国を意識した革命でしたね。」

私にとって新鮮だったのは、維新は革命であり、「日本」という言葉はもともと外国を強く意識した表現であったということだ。

従来、明治維新を大きな社会変革と言いながら、革命とは言わない。なぜ、明治維新を革命と明言しないのか。それは戦後アカデミズムをマルクス主義史観が主導してきたことに関係がある。

その史観とは、明治の日本は天皇制絶対主義政権（つまり封建制の最終段階）と定義するものだ。明治維新はフランス革命のようなブルジョア市民革命ではなく、王政復古により生まれた明治政権と明治憲法下の日本社会は、寄生地主制に見られるように半封建的な遅れた社会であると考えられていた。「西欧の近代社会の理念型からは、明治日本は遅れていた」ということだ。

この史観とは裏腹に、自由な史観が一九六〇年代のアメリカを中心とする学者から生まれたのは皮肉である。ライシャワー、ホール、ジャンセン、ドーアなどが提唱した「近代化論」だ。

日本は、外圧（ウエスタン・インパクト）に直面してかえって西欧を学びつつ、独自に近代化を進めていったのであり、非西欧世界における数少ない成功例と評価された。この近代化論はマルクス主義歴史学派からは強い批判にさらされたが、日本経済の高度経済成長やソ連崩壊を経て、今や主流の見方になっている。

一九七二年、美濃部亮吉東京都知事（マルクス経済学者）が金日成首相（北朝鮮）との会談での言葉を記憶している方が、今何人いるだろうか。「私は、お世辞でいうのではなく、キム・イルソン首相の指導されておられる社会主義建設にまったく頭が下がるばかりで、感心しています。」そして、「資本主義と社会主義の競争では…資本主義の負けが明らか」（『世界』一九七二年二月号）と言っている。

二〇一五年に、ドイツのボンで開催されたユネスコ会議で「明治日本の産業革命遺産」が世界文化遺産に認定され、いよいよ近代化論の見方のほうが正しかったといえるだろう。

「幕末から明治の初めにかけてさまざまな分野で進められた大きな変革を、明治維新といいます」と中学社会歴史の教科書（教育出版）にある。私も共同執筆者だが、諸改革の中で最も大きなものは廃藩置県だと指摘したい。明治四（一八七一）年七月十四日、約三百の藩と二百万人もの武士の特権の消滅が詔《みことのり》され一日で消滅したのである。一挙に「四民平等」の社会が実現した。

もう一つの明治維新のスローガンは「万国対峙《たいじ》」である。日本の独立を守り、万国と肩を並べるための諸変革がはじまった。ほとんど「無血革命」と呼んでよい。この変革を進めた最大の功労者が西郷隆盛である。西郷は「慶応の功臣、明治の逆臣」と言われたように、明治十（一八七七）年の西南戦争で倒れるが、西郷の評価は明治革命を推進したことに求めるべきである。

西郷は戊辰戦争の直前、イギリスの外交官アーネスト・サトウに、「我々の目標は国民議会をつくることである」と宣言している。この点からも、明治維新は近代社会を目指した革命であったといえる。

第二章　島津斉彬と西郷隆盛

斉彬が活躍する地盤をつくった調所笑左衛門

調所笑左衛門広郷ほど悪評高かった人物は稀である。
英名の誉れ高い島津斉彬の藩主襲封を妨害、江戸の町娘お由羅の子・島津久光を藩主に擁立しようと企んだこと、島津斉彬の子どもが次々に夭死したのはお由羅の呪詛によると疑われたこと、財政改革にことよせて一族が私服を肥やしたと噂されたことなど、ありとあらゆる罵詈雑言が浴びせられた。西郷隆盛や大久保利通らは、まるで蛇蝎《だかつ》のごとく調所を忌み、調所の死後襲封した島津斉彬の急逝（安政五年）なども旧調所派の毒殺を信じていたようだ。

調所がなぜかくも憎まれたかには、それなりの理由がある。天保の改革が藩の全構造に及ぶほど徹底したものだったからである。家臣団に対する給地高改正（軍役高改正《ぐんやくだかかいせい》）にしても既存の特権を奪い取るものであり、対外的危機をうけた軍事力強化、フランス式軍制の採用などへの不満は表に出せない不満として鬱積した。

もともと軽輩の御小姓組《おこしょうぐみ》出身で、茶坊主から大御隠居島津重豪《しげひで》と藩主島津斉興から信任され、家老にまで登りあげたことも代々の家老にしてみれば面白いはずはない。

重豪は、調所の緻密な観察眼、几帳面さ、何より、こうと決めたらぶれない性格の持ち主であると見抜いていた。調所は改革が挫折しないように大御隠居と藩主の朱印状まで取りつけていた。朱印状は、調所に対する絶対の信任状である。

財政改革の大黒柱は奄美・三島の黒糖専売制であるが、黒砂糖の生産と搾取は改革以前にすでに量的には限界に達していた。調所は流通の過程を徹底的に合理化、冗費を省き、監察（横目《よこめ》）制度を厳しくした。これまでの抜荷《ぬけに》等によって潤っていた役人や商人の利権が侵害されたのは言うまでもない。

調所は組織・人事面での新推進体制を構築した。不要の役人を減じ、趣法方《しゅほうほう》という財政全般を管轄する部局に優れた人材を抜擢した。そのスタッフには地方の郷士、町人なども起用した。琉球貿易に従事した福山郷の厚地家などは、浦町人から郷士最高職の郷士年寄役まで昇っている。福山港は、錦江湾奥にある第一の港町で、海陸流通の基地であった。

調所は天保七（一八三六）年には、肥後の名工岩《いわ》永《なが》三五郎《さんごろう》を招いて福山港の護岸工事を命じている（同八年竣工）。さらに、岩永は天保十一年薩摩に移住して、調所の亡くなる一八四八年まで港湾・橋梁・道路などすべての産業基盤を整備し終えた。

藩財政の基礎は封建的貢租であっただけに調所がもっとも意を注いだことが、農業基盤の整備であった。新田開発や年貢米舟運のための川内川開削、休耕地への農民の再配置、出水・大口・菱刈の北薩地方への天草からの移民は、このとき受け入れたもの

岩永三五郎銅像（鹿児島市祇園之洲町）【下豊留佳奈氏撮影】

である。

　農政改革では、疲弊しきった農村を復興するために神社を修造した。北薩の大口盆地（現鹿児島県伊佐市）では、忠元神社を創建した。まつられた新納《にいろ》忠元は、戦国時代の島津家の家臣で、豊臣秀吉による島津征伐に最後まで屈しなかった。この武将の姿を通じて、農民を奮い立たせようとしたのだろう。

　このような行財政、農政改革に引き続き、軍政改革にも着手せざるを得なかった。弘化元（一八四四）年、薩摩藩が支配する琉球王国にフランス艦隊が通商を要求したからである。改革が始まってすでに十四年が経過していた。この間、厳しい倹約令が施かれ、藩内では士庶ともに調所の長期政権に嫌気がさしていたと見られるが、調所は手綱を緩めなかった。天保元（一八三〇）年以来、まさに改革の嵐が続いたといってよい。

新納忠元（大永6〈1526〉年～慶長15〈1619〉年）【鹿児島県立図書館所蔵】

　これに対して幕府の天保の改革はどのようなものであったか比較してみよう。薩摩藩に遅れること十一年、天保十二（一八四一）年水野忠邦によって改革は始まった。同八年の大塩平八郎の乱と、モリソン号事件という内憂外患に触発されてのことだった。同九年には、高野長英や渡辺崋山らによる幕政批判もあった。幕府は二人を弾圧して批判を封じた（蛮社の獄）。水野は幕権強化のための軍事改革に着手する。西洋砲術の採用もその一環である。さらに、江戸・大坂周辺の土地を直轄領として上知、財政再建、権力強化を企図した。

外交面では、アヘン戦争の結果結ばれた南京条約（一八四二年）の情報を得ると、一八〇度の方針転換に踏み切った。これまでの異国船打払令を撤回し、薪水給与令を発布したことである。これは来航した異国船に薪と水を与えて立ち去らせようとするものであった。

このほか江戸への物流を確保するために印旛沼運河の建設を大名に課すと、大名・旗本をはじめ各階層からの反発が起こり、突然水野が失脚、改革はわずか三年余りで終わった。水野失脚の理由ははっきりしないが、今風に言えば抵抗勢力から足を掬われたということになる。大奥が隠然たる政治力を発揮したことも考えられる。この改革の失敗が、結局幕府権力の衰退につながった。

幕府に比べて薩摩藩の改革は、調所への絶大な権力集中を確立して遂行された。天保元年、重豪から財政改革の大命を下された調所は君命を固辞した。自らのキャリアが茶坊主から町奉行・使番であり、財政には素人であるという理由を述べたが、重豪は許さなかった。重豪は調所が緻密な観察眼と几帳面で、こうと決めたらぶれない断固とした性格の持主であると見抜いていたといえよう。

調所とて、これまでの家老の川上久馬や新納時升など、誰が担当しても手が付けられないほど藩財政が破綻していることを承知していた。藩債は五百万両もの巨額に及び、七分の低利でも年間三十五万両の利払いは、国産品の上方売上で額が十四万両ほどしか無いのだから土台無理である。

そもそもこれほどまでの窮状にどうして到ったのか、その原因は色々あるが、第一には木曽川治水工事のお手伝い普請（一七五三～五五年）が大きかった。かかった費用は約四十万両、藩の予算の二年分に相当する。このうち二十二万両は上方商人から借り入れであった。

その後藩政を襲った重豪の積極開化政策が財政難に輪を掛けた。藩校造士館、演武館、医学院、明時館（後の天文館）など諸施設の建設、十三男十四女が有力大名家へ養子、嫁入りしたこと、二女茂姫は十一代将軍徳川家斉の御台所となった。

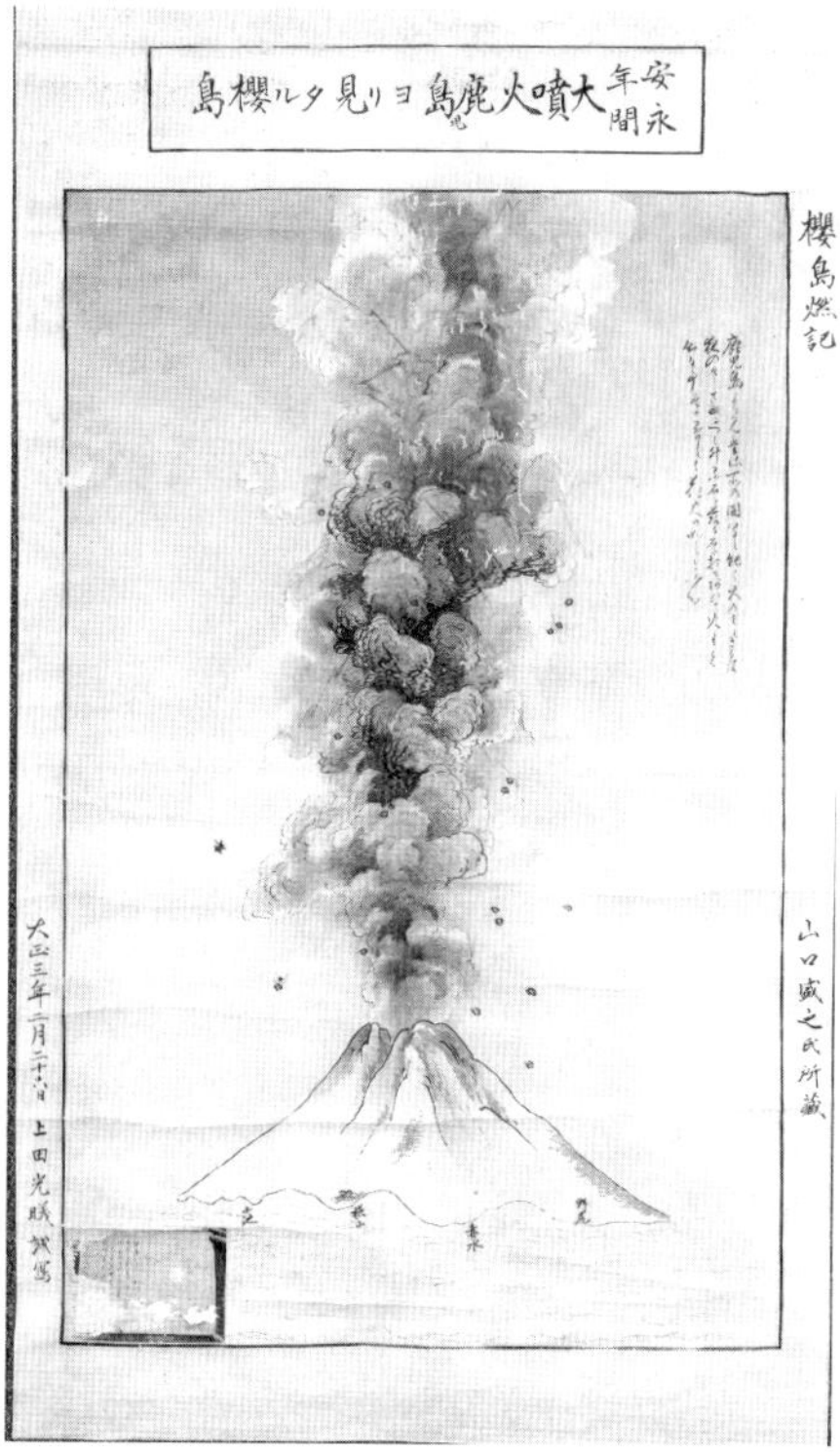

鹿児島より見たる桜島（安永年間大噴火「桜島燃記」）
【鹿児島県立図書館所蔵】

桜島の大爆発（一七七九年）、大凶作、打ち続く江戸・国元での火災、それでも大藩であるが故に薩摩藩では、「永々銀」と称し、年利三パーセントの低利で、元金の償還は問わないという融通の道があり、何とか参勤交代や江戸での生活はまかなっていた。

ところが万策尽きた文化十（一八一三）年、この永々銀百二十万両を徳政（藩債の一方的破棄）したことから、爾後の金融の道が消えてしまった。薩摩藩に対し、低利で金を貸すものはいなくなる。こうなると当座必要な金を牙儈《すあい》という高利貸から借りねばならず、経営分岐点を超えて借金が借金を呼び、五百万両という巨額に達してしまった。

調所は、文政十一（一八二八）年、薩摩藩の財政改革主任となった。その二年後、大御隠居の島津重豪と、孫にあたる藩主の斉興から、五百万両（今の五千億円）の古借証文の取り返し、五十万両の備蓄、別途非常手当金の用意を命じられた。

調所は天保元（一八三〇）年、「三島方《さんとうほう》」という役所の新設から改革を始めた。三島方とは、奄美大島・喜界島・徳之島の奄美三島で施行した黒糖惣（総）買入れ制の役所である。抜荷《ぬけに》に死罪罰則を設け、黒糖搾取を一層強化した。浜崎太平次ら豪商に造船を命じ、自藩船で上方に運送した。

この結果、黒糖だけで十年間に二百三十五万両を売り上げ、九十八万四千両の増益を実現した。

さらに天保十年、奄美に羽書《はがき》制を導入した。年貢糖以外を「余計糖」と称し、すべて藩に納めさせ、羽書という一種の流通手形を交付する制度である。島民は羽書により鍋・釜・紙・ソーメンなど、あらゆる生活必需品を入手した。その交換比率は島民にとって不当だったうえ、羽書の有効期限は一年とさ

浜崎太平次像（鹿児島県指宿市）【下豊留佳奈氏撮影】

れた。奄美から貨幣が姿を消した。

　また調所は天保六年十二月、コンビを組んだ大坂の豪商、浜村（出雲屋）孫兵衛とともに一大決心をした。二五〇ケ年賦無利子返還法、つまり藩の借金の「無利子二五〇年分割払い」の施行である。このような踏み倒し（徳政）は他の大名にも見られるが、五百万両という巨額の徳政は古今例を見ないものである。天保元年から六年までの、調所の浜村宛の書状を見ると二人がいかに緊密な連携プレーをしていたかが分かる。

　調所は強引ともいえる改革を進めた。その末路は壮烈な悲劇であった。

　島津斉彬と共謀した幕府老中首座の阿部正弘から、幕府が知るはずもない琉球密貿易計画を咎められると、調所は一切の弁解なく芝藩邸で服毒自殺した。享年七十三歳である。

「自分はどうなってもよいが、子孫に因縁が及ぶ

調所現在の墓。福昌寺跡内（鹿児島市）
【下豊留佳奈氏撮影】

調所笑左衛門の墓
【鹿児島県立図書館所蔵】

調所屋敷跡（鹿児島市平之町）
【下豊留佳奈氏撮影】

調所広郷銅像（鹿児島市天保山町）
【山口稜太氏撮影】

平田靱負銅像。平田公園内（鹿児島市平之町）
【下豊留佳奈氏撮影】

ことが心配だ」

死を前に調所はそう語った。直系七代目の調所一郎氏が私に教えてくれた。調所が心配した通り、子孫は迫害され福昌寺の墓も東京に移された。鹿児島に戻ったのは、平成十三（二〇〇一）年のことだった。

調所の屋敷跡地の隣には、江戸中期に木曽川治水工事で犠牲となった家老、平田靭負を記念した公園がある（平田公園）。二人の悲劇の家老の縁を感じる。

悲劇の縁はほかにもある。調所が改修した甲突川の河畔に立てられた調所の銅像を見ると、左遷され、大宰府で客死した菅原道真が思い起こされる。道真をまつる天神の総社は京都北野天満宮である。

幕末、桂久武ら在京の薩摩藩士はよく北野天満宮に参詣した。この天満宮に島津斉興の名で調所と山田清安の連名で、立派な金灯籠二基が天保十一（一八四〇）年五月二十五日（道真の縁日）に寄進されている。改革の目途が立ったことの御礼詣りであろうか。そのことを歴史研究家、原田良子氏より教えていただいた。

調所の功績は海外にも及ぶ。弘化三（一八四六）年、調所は薩摩焼の里・苗代川《なえしろがわ》（現日置市美山）に南京皿山窯《なんきんさらやまがま》を開窯、本格的な磁器生産を始めた。ここから誕生した錦手《にしきで》・金襴手《きんらんで》の作品をはじめとする薩摩焼は一八六七年、パリ万博に出品された。注目すべきは、佐賀藩の出品は多くが売れ残ったのに対し、薩摩藩はほぼ完売したことである。薩摩の美は欧州人を魅了し、ジャポニズムを喚起したのである。

苗代川には調所の招魂墓が建つ。調所は陶工たちにとって恩人であった。

このように、幕末に薩摩藩が活躍するための基盤を悲劇の改革者・調所がつくったことを忘れてはならない。

遅かった斉彬の藩主就任

「ふたつびんた（頭）」といわれるほど聡明であった島津斉彬（一八〇九〜一八五八年）は、江戸生まれの江戸育ちである。幼少から母である賢章院こと周子《かねこ》に四書五経の徹底した教育を受け、また曽祖父である第八代藩主島津重豪からは科学教育を施された。重豪は斉彬のことを可愛がり、江戸を訪れたシーボルトの動物学・医学の講義に同席させている。

斉彬は十歳の時、母が詠んだ歌「光なき石とみなして心もて　みがきあぐれば玉となるらむ」に対して、「古のひじりの道のかしこきを　ならひて学ぶ朝夕《あしたゆう》べに」と返歌している。乳母を置かずに自ら教育を担当した母の思いと、その思いに応える斉彬の謙虚な気持ちが表現されたエピソードである。

前章でも少し述べたが、嘉永四（一八五一）年、四十三歳にしてようやく第十一代藩主となった斉彬は、薩摩藩主として「世界の中の日本」を意識した新しい国造りを模索し始めた。欧米の強圧的「砲艦外交」に対する海軍力の強化のために、嘉永六（一八五三）年、大艦建造解禁を幕府に願い出て、

賢章院様御歌一首。島津周子（賢章院・寛政3〈1791〉年～〈1824〉年）。
内容「した紅葉かづちる山の夕時雨ぬれてや鹿のひとり鳴くらん」
【鹿児島県立図書館所蔵】

島津順聖公書御幼年御筆「瑶臺」。瑶臺は「きれいな月」の意味
【鹿児島県立図書館所蔵】

同年九月に許可されると、その二ヶ月後に洋式軍艦の建造に着手した。

また、同年八月には、城内の花園に製煉所を開き、翌年からは大砲鋳造のため城下郊外の磯で溶鉱炉、反射炉の建設に着手した。磯における斉彬の近代洋式工場の施設全体を集成館と呼んだ(安政四年)。事業は、ガラス・薩摩焼・農具・紡績・製糖など多方面に及んでおり、集成館事業は富国強兵策と注目を集めた。

このように、斉彬は工業に力を入れていたイメージが強いが、農政面での施策も打っていることを忘れてはならない。

農政を考える上で、斉彬の弱点は、江戸生まれの江戸育ちであることであった。この弱点を補う上で目をつけた人物こそが、西郷隆盛であった。

斉彬と西郷の「偶然であって必然」の出会い

江戸での暮らしが長く、藩内の実情に詳しくなかった斉彬は、藩主就任直後に政務方針として「私が気づかないことがあるから、どうか遠慮なく意見を言って欲しい」と、藩内に通達している。そして、藩内の実情を知るため、現場に近いリーダーに着目した。

そこに痛烈な農政批判を行ってきた下級武士がいた。それが西郷隆盛であった。西郷は、郡方書役《こおりかたかきやく》助《たすけ》として十年間藩の農政に関わる仕事をしており、斉彬が一番知りたかった、現場の実情を熟知していたのだ。農政に関して、他藩と比べた苛酷さや、役人の不正などを糾弾する意見書を、処分も恐れずに何通も提出したことで、斉彬の目にとまった。

もし、斉彬が若くして藩主に就任していたら、藩内のことも自分で調べ、下級武士に目をつけることはなかったかもしれない。斉彬と西郷の出会いは、斉彬の遅い藩主就任によって生まれた「偶然であって必然」のことであるように思う。

また、西郷の抜擢は、下級家臣団の心をつかむこ

西郷隆盛肖像【鹿児島県立図書館所蔵】

とにもつながった。西郷は、下加治屋町《したかじやまち》郷中《ごじゅう》という七十戸くらいの下級武家屋敷町の郷中頭《がしら》、つまり地域のリーダーだった。地域内で年長者が年少者を指導する郷中は、非常に深い結びつきがある。大久保利通をはじめとした後輩たちは、「西郷様《さぁ》に続け！」と奮い立ったことだろう。藩をまとめるためには、現場のリーダーを登用することが大切だと、斉彬は理解していたはずだ。

　斉彬が藩主に就いた年に十六歳だったのが、小松帯刀や五代友厚、松方正義など、維新や産業革命で活躍する人材だ。薩摩藩が、国家プロジェクト並みの集成館事業に取り組む様子を、多感な十代後半に目の当たりにした彼らも、斉彬の門下生である。斉彬の集成館事業を通して、多くの若者が日本の新しい国づくりに貢献したいと夢を抱いたはずだ。

島津齊彬肖像【鹿児島県立図書館所蔵】

　勝海舟は、後に「薩摩英材を輩出するもの此侯（斉彬）の薫陶培養の致す所」と述懐している。藩ではなく、日本の将来を考えよと、斉彬は行動で皆に示したのであった。

斉彬、職場教育で西郷を使いこなす

斉彬は、下級武士であった西郷を、江戸で「御庭方役」という自分と話が直接できる職に就け、水戸藩の藤田東湖、越前藩の橋本左内など、一流の人々に引き合わせた。斉彬の養女・篤姫が将軍に嫁ぐ際には、右大臣・近衛忠煕の養女とするため、京都で公家の間を奔走させたり、婚礼道具の調達をさせたりと、輿入れの準備を任せた。将軍後継争いでは、斉彬の意に沿って、一橋派の間を行き来させた。国政を左右するような重要な仕事を任せ、職場教育（ＯＪＴ）で西郷を育てたのであった。

斉彬は、西郷の強烈な正義感、何事にも全力でぶつかる姿勢を評価する一方、「大器であるが故に自分以外では使いこなせない」とも言っている。水戸藩の尊王攘夷思想に西郷が傾倒した際には、「もっと視野を広く持ちなさい」と諫めている。改革を実現するには、人並外れた突破力のある人材を抜擢し、方向を示して道を切り拓かせる。これは、現代にも通ずる話である。

斉彬による「常平倉」の設置

そもそも近世において常平倉《じょうへいそう》は、社倉・義倉が貯穀・救恤（飢饉に備えて米を備蓄する）を目的としたものに対し、米価の調節を目的に設置されたものである。

すなわち、米が豊富に出回っている時には官で高く買入れ、逆に乏しいときには安く売り払うことで米価の変動をおさえようという政策である。

常平倉の設置が知られているのは、土佐藩・会津藩・水戸藩・薩摩藩の四藩程度にすぎない。この四藩には野中兼山・保科正之・徳川斉昭・島津斉彬といった藩政の強力なリーダーが存在していた。

島津斉彬は、家臣団の経済的基盤である米の価格安定が、国防上極めて重要と考え、入封早々の嘉永四（一八五一）年十月二十日に常平倉施行の達書を発布し、ついで翌嘉永五年正月に、自ら「常平倉大意並愚孝」の親書を示している。幸いにその資金として、天保の財政改革によって得た財源百万両があった。

さらに常平倉設置が可能となった条件として、土佐藩と薩摩藩のような領国の辺境性があげられる。すなわち、米が高いときに安く払い下げても、他国商人が殺到すれば効果はない。従って、領国が経済的に封鎖されていることが必要である。この点では、両藩ともに厳重な口留《くちどめ》番所体制を構築しており、他国商人の介入を阻止できた。

次に、最も重要な薩摩藩独自の前提条件は専売制との関連である。専売制は江戸後期より多くの藩で財政難打開策として施行されたが、常平倉との関連で意味のあるのは、流通機構に対する間接専売制ではなく、生産過程を直接把握した直接専売制である。例えば薩摩藩の奄美における黒糖専売制、屋久島における杉（平木《ひらぎ》）専売制などである。

常平倉に備蓄した米は古米となり、新米と入れ替える必要が生じる。米を主要な商品として中央に廻米して財源としてきた東北諸藩とは事情を異にしている。

もともと薩摩藩の大坂廻米は、大坂堂島の米市場において、隣藩の肥後米などと比較して「胴割れ米」が多く、著しく商品価格が低いものであった。従って、他藩の米より質が劣る上に、古い備蓄米が商品として通用する可能性は薄い。斉彬は藩の商品作物としては、米よりも一層黒糖を重視したと考えられる。

この考えは安政年間、奄美大島・喜界島・徳之島の三島に限られていた黒糖惣買入れ制を、沖永良部島・与論島にまで拡大した斉彬の政策に表われている。

次に、古米の運用に関して薩摩固有の条件が用意されていた。すなわち、「古米ハ琉球・三島等砂糖官買ノ料ニ充テタリ」と側近の市来四郎が指摘したように、琉球・奄美産の黒糖との物々交換にあてられていたのである。

その点で、天保十（一八三九）年、羽書《はがき》という一種の流通手形を交付し、かわりに島民の生活必需品を配給するようになった意味は大きい。羽書制度のもと、奄美社会では一切の貨幣の流通が禁止され、物々交換の経済社会に変容させられた。従って、専売制が沖永良部島（嘉永六年）、与論島（安政五年）にまで拡大された理由として、単に黒糖収奪の強化という面だけではなく、古米の運用という独自の理由を見出すことができる。

では、常平倉はどのように実施されたのであろうか。

まず、米の購入資金には、奄美大島ほか各島産の黒糖の大坂における売上金があてられた。買上げは、嘉永四（一八五一）年秋納米より始められ、初年度は八千石余りに上った。

蔵入・給地高ともに実際の年貢米十石以上の者は、一石につき二升ずつ（二パーセント）、同じく年貢米が十石より少ない者は、一石につき一升五合（一・五パーセント）買上げられ、一石以下の者は買上げ対象外であった。代金は一石十五貫文で、これは時価よりおよそ四百～五百文高い価格であったため、家臣団は恩恵に浴する結果となったのだ。

実施計画では、常平倉買上米は、一年に二千石ずつ、五年目に一万石の見込みであったが、実際には嘉永四（一八五一）年から、同六年まで三年間に総額三万石以上に達している。その後、安政四（一八五七）年の秋まで買上げは続けられたが、同五年七月、斉彬の急逝のため常平倉は廃止となった。

常平倉の本来の目的である米価安定に関しても効果があり、米価の価格が下落しなかっただけでなく、米が欠乏する心配もなくなったようである。

斉彬の常平倉備蓄米は、黒糖専売制を沖永良部島・与論島にまで拡大したこと、ならびに一層高まった外圧に対応するため領内巡見と軍事演習を盛んに実施したこと、さらに京都を中心に江戸との間を公武周旋のために往来したことなどを考えると、軍事兵糧用にも運用されたと考えられる。

薩摩藩が、戊辰戦争において戦兵を全国に展開できたのは、何よりも「米の力」であったといえよう。このような農産物の国家的備蓄は、現代においても必要な考え方ではないだろうか。

斉彬の教えを沖永良部島へ

島津斉彬の「常平倉」の考え方を引き継いだのが、西郷隆盛だ。西郷は、文久二（一八六二）年、国父・島津久光の怒りを買い、沖永良部島に遠島になる。生活は過酷を極めるものがあり、わずか四畳の野ざらしの陋屋で雨風にさらされながら生活した。食べ物も十分に与えられず、衰弱していく西郷を救ったのが、島の名家の出身で、島では最高の役人・与人《よひと》役の土持政照《つちもちまさてる》だった。西郷は、土持と義兄弟の契りをかわし、島の子どもたちへの教育を熱心に行い、島の発展に貢献した。

土持は西郷に教えを請い、役人としてのあり方を記した「間切《まぎり》横目役大躰」や「与人役大躰」を著し、斉彬から教わった社倉の法を伝授した。土持は、明治三（一八七〇）年、この法を実施している。

なお、土持の前妻は、大久保利通の異母妹マツであった。

明治維新はどのような社会変革であったのか

明治維新は、王政復古（Meiji Restoration）と呼ばれるが、実質は革命（Revolution）である。明治維新のスローガンが「四民平等」「万国対峙」であり、その目標達成のために「御一新」、すなわち旧体制が徹底的に打破された。

沖永良部島全図【鹿児島県立図書館所蔵】

旧体制（アンシャン・レジーム）とは、幕藩体制と寺請制度（宗教による国民統制）であった。倒幕（廃幕）と朝廷改革（摂政、関白の廃止）を実現したのが、慶応三（一八六七）年十二月九日王政復古の大号令である。この変革の最大の功労者が西郷隆盛である。

革命家西郷は、慶応三年にイギリスの外交官アーネスト・サトウに「我々の目標は国民議会をつくることである」と宣言している。すなわち、封建制の全面的廃棄である。

さらに、西郷の盟友大久保利通は、朝廷（公家社会）の因襲を打破（宮廷改革）し、明治天皇を近代的君主として仰ぐために、都を京都から東京に移した。

薩摩藩の場合、島津斉彬の急死後の保守的な藩政に対抗して、下級武士を中心とした「精忠組」が結成された。ここに藩の実力者である、国父・島津久光と精忠組の頭目・西郷隆盛と大久保利通との間に壮絶な主導権争いが行われることになるが、両者は表面的には対決することなく、藩が一丸となって明治維新を押し進めた。

しかし、藩主が率先して討幕運動を行ったところに薩摩藩の悲劇が用意されていた。すなわち、薩摩藩においては、慶応四（明治元・一八六八）年になっても、上下の権力の交代、下級武士によるクーデター、つまり明治維新の本質的一面が達成されていなかったのである。

戊辰戦争にあたっても、家老首座の島津久治（久光の二男）をはじめ、門閥層が出軍自重論を唱え、急進派の家老小松帯刀らとの激論の末、出軍が決定した。ところが、鳥羽伏見の戦いで奇跡的な大勝利をおさめ、東北戦争を勝ち抜いた。

明治二（一八六九）年、凱旋の兵士が帰藩するや、薩摩藩には徹底した藩政改革の嵐が吹き荒れた。すなわち、門閥の打破・家格の廃止・私領の返上・世禄の改定であった。薩摩では、明治二年の藩政改革から、明治四（一八七一）年の廃藩置県までの間に、下級武士によるクーデターがようやく行われ、明治維新を迎えたのである。

薩摩藩では、凱旋下級武士をリストラすることなく、常備軍としたのに対し、長州藩では奇兵隊など諸隊の半分約二千人をリストラしている。木戸孝允は、民衆エネルギーを奇兵隊などに編成し、戊辰戦争を勝ち抜いたが、新政府が樹立されると、諸隊を「尾大の弊」（尾だけが大きくなって始末に困る）として、切り捨てていた。諸隊反乱は弾圧されたが、薩摩藩では下級兵士も常備隊として温存されたのである。

廃藩置県では、一日にして三百の藩がなくなり、二百万人の武士が二百六十年保持してきた特権を失うことになった。四民（士農工商）の身分差別も法的には消滅した。

明治六（一八七三）年以降の大久保利通政権は、明治八（一八七五）年に木戸孝允、板垣退助を交えた大阪会議において、日本が漸次立憲政体に移行することを天皇の名（詔）において約束した。

西郷の明治維新は斉彬の御遺志の実現

平成三十（二〇一八）年にＮＨＫ大河ドラマ「西郷どん」が放送されたことがきっかけとなり、私の元に全国から史料提供が相次いだ。中でも、「西郷吉之助・桂久武宛書簡」は、西郷が斉彬の御遺志を達成させたいという強い思いをうかがうことができる。

西郷の手紙の所有者は、千葉県習志野市在住の西元すみ子氏であり、先祖が薩摩藩の武士（現・日置市）にあたるそうだ。今まで見つかっている西郷隆盛の手紙は、『西郷隆盛全集第三巻』（一九七八年）に収められているが、今回の手紙は掲載されていなかった。

桂久武は、天保元（一八三〇）年日置島津家の当主・島津久風の五男として生まれた。慶応元（一八六五）年からは薩摩藩の家老として活躍した人物である。西郷隆盛の父・吉兵衛が日置島津家に仕えていたこともあり、家格は違うが、西郷と桂は幼馴染のように育った仲といえる。西郷は、何をするにも桂に相談をしており、戊辰戦争での勝利も桂と西郷のコンビで達成されたといって良い。

手紙の内容だが、まず、「王政復古は弥以《いよいよもって》西海人民之《の》整理するならんと薄弱なる上方人民は只々手を拱して勢《いきおい》之《の》帰する處を相待居《あいまちおり》」とある。王政復古を西海人民（薩長土肥を中心とした、西の人々）がどう実現するのか、上方の人たちはじっと待っている状況であるということだ。

そして、その王政復古は、「照国公之御賛同せられし」ことであると書いている。照国公とは、第十一代薩摩藩主島津斉彬のことであり、西郷が斉彬の御遺志を実現させたいという思いがうかがえる。

そして、「四五名小生宅に相《あい》集り正大なる御協議をも致し度存候間《たくぞんじそうろうあいだ》夕寄早々御光来相願度《あいねがいたく》其外は顔面緩々可申述候《もうしのぶべくそうろう》」と、西郷の周りの幹部四、五名が西郷の屋敷（現・鹿児島市武）に集まって、正大なる協議をしたいため、夕方には来ていただいて、顔を合わせてお話ししたいとお願いをしている。この「正大なる協議」というのが、王政復古をどのように実現させるかということだ。

手紙の差出日は、「正月五日」となっている。手紙の内容から、西郷と桂両人が鹿児島にいなければならないため、明治三年か四年の可能性がある。明治四（一八七一）年一月三日には、西郷は土佐へ行くために鹿児島を出発しているため、明治三年一月五日が差出日ということになる。

明治三年は、藩政改革をしなければならない時期であった。長州では旧諸隊の反乱が起こり、長州の反乱鎮圧の実態を西郷自ら視察するために、同年二月六日に鹿児島を出発している。その直前の一月五日に幹部で協議をしたということが分かる大変重要な手紙である。

下級武士による藩政の掌握という一大クーデターを、まず鹿児島で示さなければならない、鹿児島が全国の模範にならなければならないということを幹部で再度確認し、明治四年に実施した廃藩置県の決意をこの日にしたのではないかと考えられる。

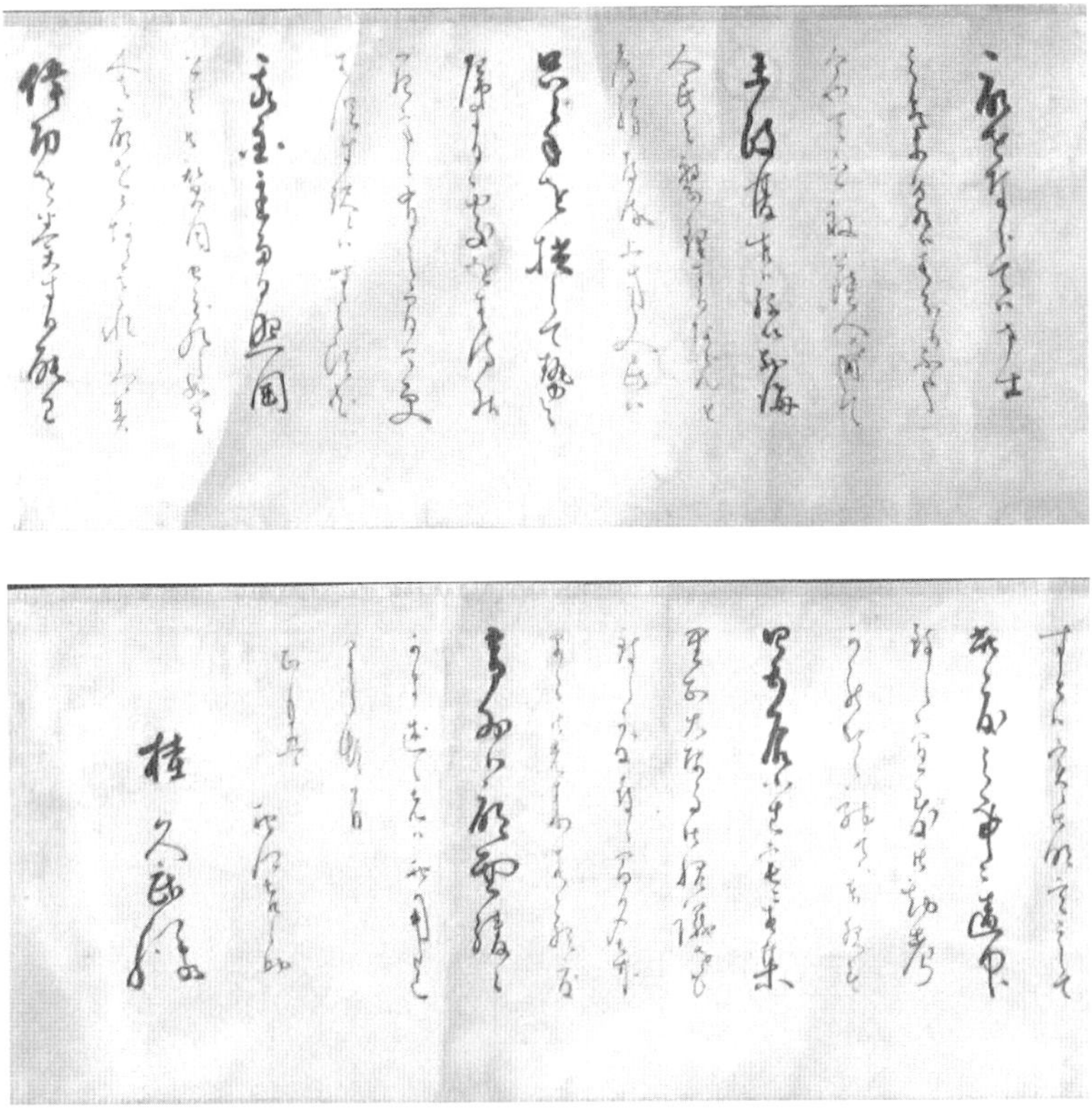

西郷吉之助・桂久武宛書簡【西元すみ子氏所蔵】

第三章　西郷隆盛と明治六年の政変

「征韓論」西郷の真意は何だったのか

「征韓論」とは、文字通りに読めば「韓国を征伐する」であり、武力で朝鮮を支配しようとする主張のことである。

明治政府が次第に形づくられる中、日本の統治者が将軍から天皇に代わったことで、日朝関係を正常化させようという動きが起こった。征韓論は、日本の王政復古を通知する外交文書の受け取りを朝鮮政府が拒否するという行為に端を発した。

日本が幾度となく派遣した使節もかいなく、朝鮮側は国交断絶の強い姿勢を見せた。明治政府の国書には「皇上」や「奉勅」という言葉があり、朝鮮側にとって、そのような言葉を使うのは宗主国である清国の皇帝だけだという認識があった。

明治三（一八七〇）年四月、外交官の佐田白茅《さだはくぼう》が森山茂とともに使節として釜山に派遣されたが、朝鮮側の態度に憤慨し、佐田は帰国後激しい征韓論を唱え始めた。この佐田の征韓論に当初賛成したのが、後に大反対の姿勢をとった木戸孝允であった。佐田の熱心な遊説は次第に他の政府高官たちを洗脳し、征韓論は明治政府内で非常に熱を帯びたものとなった。

閣議では、板垣退助が「朝鮮即時出兵」を主張したのに対し、西郷は軍隊を使わず、しかるべき位の大官が正装で赴き、礼を尽くした交渉をすべきであると反論した。そしてその朝鮮への全権大使を自分に任命してもらいたいと主張した。戦争は最悪の場合であり、そうならないための外交交渉を西郷は考えていた。

ところが、西欧視察から帰ってきた大久保利通、岩倉具視らが西郷の朝鮮派遣に反対した。大久保はかつての盟友である西郷と決定的な対立関係になる。最終的には、岩倉が天皇に奏上した際、反対論を個人的に主張してどんでん返しが起き、使節派遣は潰されることになった。

「征韓論」を唱えた主役は、西郷隆盛とされている。このころの文献、史料のどこにも、西郷がはっきりと「征韓」と唱えたという記録はないとされ、「遣韓論」もしくは「朝鮮派遣問題」ではないかと議論がなされてきた。

しかし平成三十一（二〇一九）年四月、西郷が「征韓論」と書いた書簡が発見された。所蔵者は、宮崎県小林市在住の川添貴文氏である。この書簡から、西郷の真意を探っていきたい。

薩摩きっての軍師・伊地知正治

新書簡は、西郷隆盛から伊地知正治に宛てたものである。伊地知正治（一八二八〜一八八六年）とは、

伊地知正治【鹿児島県立図書館所蔵】

西郷より一歳年下で、家も西郷家の近くにあり二人は幼馴染として育った。薬丸自顕流《やくまるじげんりゅう》の達人で剣がめっぽう強い上に、合伝流《ごうでんりゅう》兵学を学び軍奉行として活躍をした。戊辰戦争の白河口の戦いでは、七百の兵で白河城の旧幕府軍二千五百に圧勝。会津鶴ヶ城開城にも功を奏した。まさに軍師であり、西郷は軍事的なことは伊地知に相談するという仲であった。

川添氏によれば、高祖父が加世田（現・南さつま市）の漢方医であり、その子・英吉《えいきち》（祖父）が、高木兼寛《かねひろ》が創設した慈恵会講習所（現・慈恵医科大学）を、明治二十二（一八八九）年に卒業した。戊辰戦争の従軍医である高木は、伊地知の戦友であり、川添家に伊地知宛ての手紙が残る蓋然性は高い。川添家は、西南戦争のとき、西郷が宿泊した家であれば尚更である。

西郷のトラウマ、ロシアの脅威

明治四（一八七一）年八月五日に、西郷が伊地知に宛てた手紙には、ロシアの東方経略について述べられている。

「米国近隣の魯西亜地を高料に売り渡し、右金を以て蝦夷地の開拓に振り向け候由に御座候間、十分力を備え乗り掛け候儀に御座候。是非アジア地方を相企むには相違ある間敷候。」

と、アメリカ近隣のロシア領であるアラスカをアメリカに売却し、その資金をもとに蝦夷を開拓し、アジアの征服を計画しようとしているだろうと危惧しているのだ。

クリミア戦争（一八五三～一八五六年）で黒海進出に失敗したロシアの脅威は深刻であった。なぜなら、北京条約（一八六〇年）で沿海州を領有し、ウラジオストク（東方を支配する町という意味）を建設したからだ。事実、ウラジオストクは、ロシア極東政策の拠点として軍事都市となっていた。

翌文久元（一八六一）年、ロシア軍艦ポサドニック号が、対馬を占領した。同艦は、イギリスの圧力で漸く退去した。

そして、一八六七年、ロシアはアラスカをアメリカに七百二十万ドル（約七億二千万円）で売却した。西郷は、何よりこの巨額の資金を得たロシアの脅威を心配しており、明治三（一八七〇）年に腹心の桐野利秋を函館に派遣している。これが屯田兵制度の先駆けになった。

西郷が、ロシアのみならず、アメリカとの対比で、イギリス・ドイツなどの列強の形勢に注目していたことは、アメリカ滞在中の大久保利通に宛てた書簡の一節からもうかがい知ることができる。「独と魯

桐野利秋【鹿児島県立図書館所蔵】

との間には、弥《いよいよ》隔意を生じ候趣、追々申し来り」と、ドイツとロシアをめぐる国際関係にも強い関心を寄せている。

つまり、朝鮮問題の解決を急いだ西郷の念頭には、迫りくるロシアの脅威に、いかに対抗すべきかという切実な問題があったということは疑う余地はない。

そもそも、西郷がロシアを特に気にかけるのには、島津斉彬の影響があった。斉彬は、蝦夷を「魯西亜に對スル闗門」と呼んでいる。斉彬の言葉を、『島津齊彬言行録』からみてみる。

「蝦夷ハ日本東北ノ咽喉、魯西亜ノ闗門ニシテ、先年ヨリ度々亂妨セシコトモアリタリ、魯西亜ハ「ペートル」遺命シテ世界ニ一帝タランノ大志アリト、海國圖誌ニ記ス處モ、兵力盛ンニシテ國人勇敢且ツ富饒風俗質朴ナル趣トモ見エタリ、世界一帝タランノ計畫ニオイテハ必ズ先ヅ蝦夷ニ手ヲ延シ、尋デ支那ニ足ヲ入ルベシ、手ヲ延スニ當リテハ日本ノ一大事ナリ、之ヲ拒ガンニハ兵力ヲ用ユルハ下策ナリ、開墾シテ日本人種ヲ殖シ日本ノ所領ナルヲ分明ニスルトキハ、如何ニ強ナル魯西亜モ妄リニ手ヲ入ルヽコト能ハザルベシ、之ヲ上策トス、殊ニ産物多ク昆布・數ノ子・鰯ノ類ヒ、其外發見セザル品モ多キ由、間宮林藏ガ經歴誌ニモ記セリ、實ニ日本ノ寶藏ナリ、然ルヲ魯西亜ノ爲メニ奪ハルトキハ、日本ノ耻辱ナルノミナラズ、大損ナリ」

このように、蝦夷をロシアに奪われぬようにすることを説いていた。勿論、以上のことは、西郷も

朝鮮古図（川上久国／写）【鹿児島県立図書館所蔵】

朝鮮出兵島津勢虎狩絵巻。村瀬／筆。豊臣秀吉の命によって島津義弘は虎狩りを行い２頭の虎を仕留めた
【鹿児島県立図書館所蔵】

斉彬から直接聞いていただろう。斉彬の対ロシア脅威論は、斉彬の死後も西郷の中で生き続けていた。

新史料からみる、西郷「憂国の情」

西郷から伊地知に宛てた新史料の書簡だが、明治六（一八七三）年十二月に伊地知から西郷に届いた手紙の返事の内容だと思われる。伊地知からの手紙は、伊地知が朝鮮について調べた内容の報告であった。西郷が、伊地知に調べさせたのであろう。

主な内容は、朝鮮の地理や歴史である。特に、豊臣秀吉の朝鮮の役については詳細に書かれている。日本軍は、はじめ朝鮮は極寒の地だと思い夏に征討をはじめたが、山中に逃げられてしまっ

た。中国による征韓は冬に行っており、冬は山に雪が積もるため逃げ場がない。このように作戦が間違っていたことを指摘している。

そして、朝鮮を征するには、海軍・陸軍兵四万で、半分は進撃軍として、半分は守備軍として動けばよい。朝鮮の武備を探知すると、日本は武器として「ミニヘル銃」を使い、征兵は新しく募集してよいだろう（注・鎮台兵）。しかし、ロシアとの戦においては常備兵（注・士族兵）がよく、針打七連の良筒（注・新式の銃）を使うのがよい。しかし、今となっては朝鮮征伐の夢話しだ。

このように、軍師の伊地知は朝鮮と戦になった時のために、詳細な情報収集をしていた。また、ロシアとの戦いも見据えていた。まさに、日露戦争を予言している。

新史料の書簡は、三月十二日付だが、伊地知からの手紙の返事だとすれば、明治七（一八七四）

年になる。

「征韓論不和已来《いらい》意見《いけん》有之《これあり》候《そうろう》ニ付慇《いん》ニ退き居《おり》候《そうら》得《え》共《ども》　天恩之難有《ありがたき》事はまだ一日も忘れ不申《もうさず》只将来国力之《の》如何ニ付き候歟《か》大ニ苦心いたし居候」

(征韓論の意見の違いで心を痛め鹿児島に退いたが、天皇陛下のご恩のありがたさは一日も忘れず、ただ将来の国力がどうなるか苦心している)

「今や国之一大急務ニ際して徒《いたず》らに文弱のみニ打流居り候様之事にてハ甚以不相済《あいすまざる》次第《しだい》、韓国之如きハさまで意ニ介するニ及ばざれども、果然清国之如きハ我国之間隙《かんげき》を相窺ふの患《わざわい》有之《これあり》候《そうら》半《わん》と存候右ニ付我国ハ益々武備を厳ニセされば将来之欠策と存候」

(国の一大急務に際して、いたずらに弱腰でいるようでは済まされない次第である、韓国はそれほど意に介する必要はないが、はたして清国は我が国のすきをうかがっているであろう。よって、我が国はますます武備を強化しなければ将来の失策となるだろう。)

と、鹿児島に退いてもなお、西郷が国家のことを最優先に考えていた様子がうかがえる。また、韓国よりも清国のことを心配しているようだ。武備を強化すべきとの持論もうかがえる。

征韓論をめぐる明治六年の政変に敗れてもなお、国のことを憂えている西郷は、誰よりも日本の将来のことを考えていたのではないか。

漢詩からみる西郷の心情

西郷は、韓国への使節派遣を主張し、閣議で敗れ下野したが、西郷の意図は日・韓・中が連携して外圧、植民地化の危機に対応したいということだったろう。明治六（一八七三）年八月、西郷が遣韓大使の内命を受け、出発を待っていた時の漢詩が次の通りである（松尾善弘『西郷隆盛漢詩全集』より）。

酷吏去來秋氣清
鷄林城畔逐涼行
須比蘇武歳寒操
應擬眞卿身後名
欲告不言遺子訓
雖離難忘舊朋盟
胡天紅葉凋零日
遙拜雲房霜劍横

酷吏去來《こくりきょらい》して秋氣清《しゅうききよ》く
鷄林城畔《けいりんじょうはん》を涼《りょう》を逐《お》って行《ゆ》かん
須《すべか》らく比《ひ》すべし蘇武歳寒《そぶさいかん》の操《みさお》
應《まさ》に擬《ぎ》すべし眞卿身後《しんけいしんご》の名《な》
告《つ》げんと欲《ほっ》して言《い》わず遺子《いし》への訓《おしえ》
離《はな》ると雖《いえど》も忘《わす》れ難《がた》し舊朋《きゅうほう》との盟《ちかい》
胡天《こてん》の紅葉凋零《こうようちょうれい》の日《ひ》
遙《はる》かに雲房《うんぼう》を拜《はい》して霜劍《そうけん》を横たえん

猛暑が去ったりぶり返したりするうち、清々しい秋の気配が漂う今日この頃、こういう時節に私は朝鮮国へ行き都城郊外を涼を求めて歩きたいと思う。
私の忠誠心はぜひ酷寒に耐えて使命を守り通した蘇武の節操と比べてもらいたいし、また、謀殺された後、誉《ほまれ》を得た顔真卿のように、私も後世に忠義の臣として名を残したいものだ。
残される子どもに一言教訓を告げようと思ったがやめておく、
たとえ別れ別れになるとしても旧友との盟約は忘れるものではない。
朝鮮の山々の紅葉がしぼみ落ちる頃、
和平談合は破局を迎えるであろうが、私は宮城を遥拝しつつ静かに利剣を前に置こうと思う。

西郷が朝鮮問題に熱心になったのはなぜか。むろん、それが当面の重要外交課題であったことは間違いない。だが、西郷が懸念する外交問題は朝鮮だけにとどまらず、ロシア対策が念頭にあったのだ。

また、歴史作家の海音寺潮五郎は、西郷が朝鮮派遣にこだわった理由を勝海舟の影響があったのではないかという。勝はかねて日本と中国、朝鮮が同盟を結んで、列強の侵略に対抗するべきであるという説を持っていた。江戸無血開城の交渉を持ち出すまでもなく、勝と西郷は肝胆相照らす仲だった上に、明治政府で西郷は陸軍、勝は海軍の重鎮である。その二人が話し合わないはずがない。

私も、日本・中国・朝鮮の三国が連携するという「三国連携論」が、西郷の頭の中にはあったのだろうと考える。

第四章　西郷隆盛と西南戦争

薩摩人と西南戦争

明治十（一八七七）年十月、西南戦争の国事犯である宮之城士族荻原兼善は「旅日記」で、薩摩の青年約一万三千人が西郷隆盛のもとに「翔ぶが如く」に集まったと記している。その姿は、近世の国学者本居宣長が『古事記伝』に「隼人とはすぐれて敏捷（はや）く勇猛（たけ）き人」と解釈したごとくであった。薩摩藩の士弟教育・郷中教育で育った薩摩武士は、戦国期以来の「日新公《じっしんこう》いろは歌」を暗んじていたが、その冒頭に「古《いにしえ》の道を聞きても唱えても　我が行ひにせずば甲斐なし」とある。「泣こかい　跳ぼかい　泣こよかひっ跳べ！」と言われるのも、機を失わずに実行することを重んじたからである。

征韓論争に破れ帰郷した西郷が、明治七年私学校を創設して以来、県下の吏員はことごとく私学校派で占められ、鹿児島県は西南日本の辺境にあって、中央政府からは独立した「西郷王国」の観を呈していた。

倒幕を果たし、封建から郡県の近代国家創生のために戊辰戦争の主力として戦った薩摩隼人が、なぜ自ら創った政府に対し反乱軍となったのか。皮肉にも薩摩人が敗れることによって明治政府は中央集権的近代国家の基礎を磐石にしたのである。

明治三（一八七〇）年、鹿児島にあった西郷は、旧来の家格の廃止、私領の返上、門閥の打破など藩政の改革を指導していた。その徹底ぶりは下級士族のクーデターといってよい。この改革における西郷のカリスマ的政治力を必要とした新政府の岩倉具視、大久保利通らの再三の上京要請を受けて、西郷は重い腰をあげた。

西郷は、安政の大獄・禁門の変から戊辰戦争の過程で果てた多くの霊を心中に宿していたのであろう。革命における権謀術数は、私心を超えた手段であった。

西郷が君と仕え、師と仰ぎ、父と慕っていた君主島津斉彬の座右の書「思無邪」の出典は詩経であるが、論語為政篇には「詩三百篇、一言以蔽之、曰思無邪（一言以て之を蔽はば曰く思ひ邪《よこしま》無し）」とあり、これに続く「為寂然不動（寂然として動かず）」の句を西郷は書に残している。愛憎の淵を超えた敵味方の義理をいろは歌では、「回向《えこう》には我と人とを隔つなよ　看経《かんきん》はよししてもせずとも」と教えている。

明治四（一八七一）年から筆頭参議西郷のもと、新政府は廃藩置県に成功、岩倉使節団が洋行中の明治五〜六年の西郷留守政府は日本近代化の基本政策をことごとく実行した。学制頒布・徴兵令施行・地租改正着手・鉄道開通・太陽暦採用などである。

明治六年帰朝した木戸孝允・大久保利通らに自らの遺韓使節を拒否されて西郷は下野する。再び鹿児島武村の閑居に戻った西郷は中央政府の三年間を誤りであったと悔やみ、今こそ我が身が仙人になるようだと詩

私学校跡（鹿児島市城山町）【下豊留佳奈氏撮影】

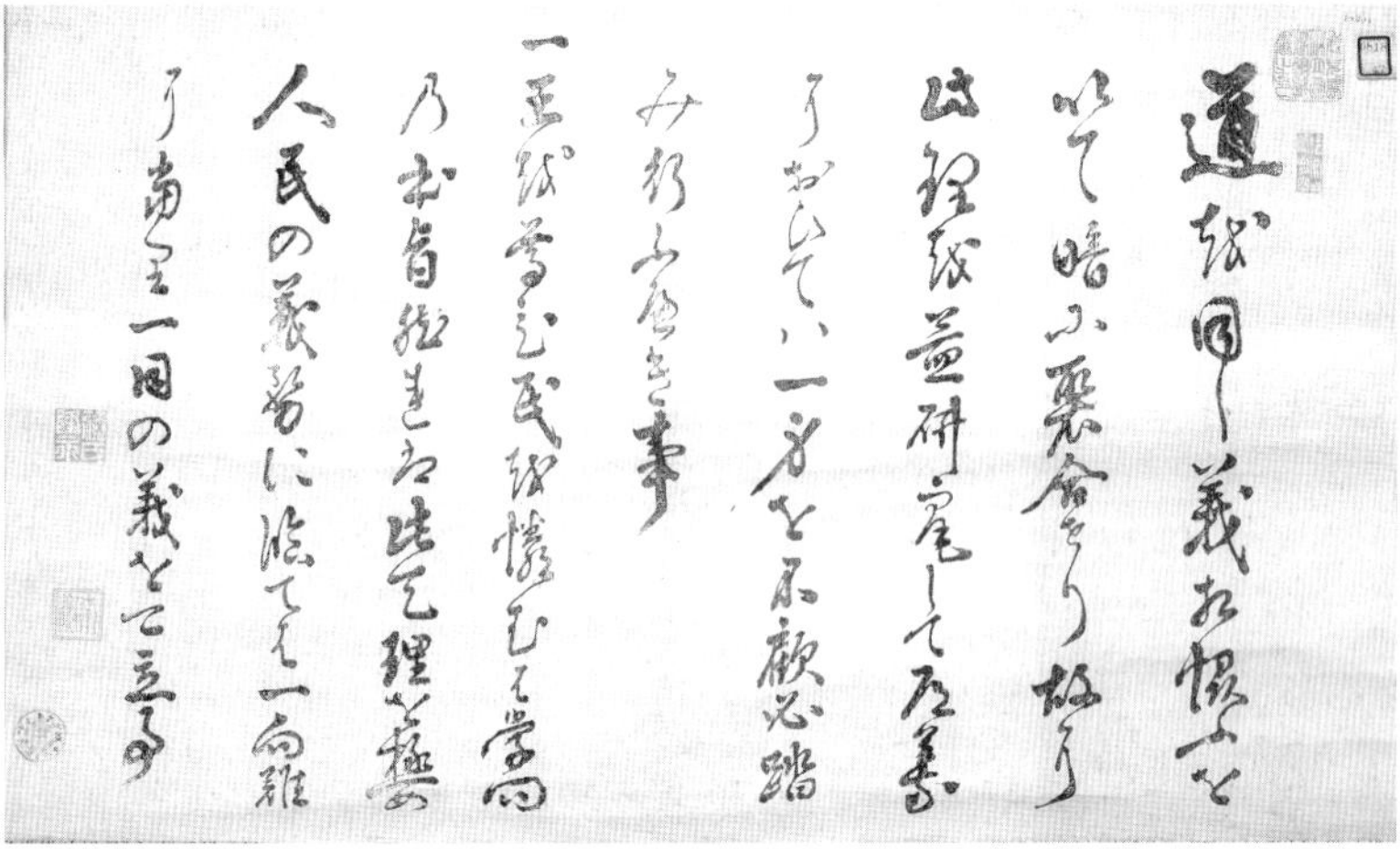

南洲翁筆私学校綱領【鹿児島県立図書館所蔵】

に賦している。

翌明治七年、西郷に同調して政府を辞した薩摩士族を中心に私学校が設立されるが、その綱領は西郷自らが書したものである。第一に道義、第二に天理を唱えている。具体的方針というより、モラルや規範である。この精神が昂じて西南戦争の勃発となった。

西南戦争は、十年一月末、政府が弾薬を県外に持ち出そうとしたのを阻止しようとして私学校徒二千人が草牟田《そうむた》と磯にあった陸海軍弾薬庫を襲ったことが発端となった。彼らを犯罪人とすることをためらった西郷は、二月十五日「政府に尋問の廉《かど》これあり」の理由で出軍した。

私学校の中には、西郷を慕って入校した山形県庄内の若者もいる。九州各地から党薩隊が加わり、薩摩軍は約三万の数に膨れ上がったが、三月四〜二十二日の田原坂に敗れてからは、政府軍に追われながら宮崎県各地に転戦、九月二十四日城山での最期を迎えた。

西南戦争で薩摩人をつき動かしたものは何だったのか。

「敬天愛人」書【鹿児島県立図書館所蔵】

西郷の座右の銘として「敬天愛人」が知られる。日田で咸宜園《かんぎえん》を主催した広瀬淡窓も敬天の二字を以て平日諸生を誨《おし》えていた。大分県中津隊の隊長増田宋太郎は、「一日先生に接すれば一日の愛生ず、三日先生に接すれば三日の愛が生ず」として、西郷と生死を共にしている。従容として自決した彼らは、天命を道義と信じながら懸命に生きたのであろう。

西郷は平和主義者だったのか

砂糖自由売買の大蔵省達（島民が砂糖勝手売りを大蔵省から許されること）に先手を打って、明治五（一八七二）年に専売制を続けるように画策したのは西郷である。鹿児島の下級士族の救済のために、大蔵省ごまかしを指示した西郷自身の書簡が残っているのだ。

さらに、明治十年、自由売買の許しを得るために西郷を頼って鹿児島に上った島民代表五十五人は、西郷に会えず、涙橋（現・鹿児島市郡元）にあった死刑囚の牢獄に入れられてしまった。島民代表は、西南戦争従軍を条件に出獄され、三十五人が「必死隊」と名付けられ、熊本県で戦った。戦後、

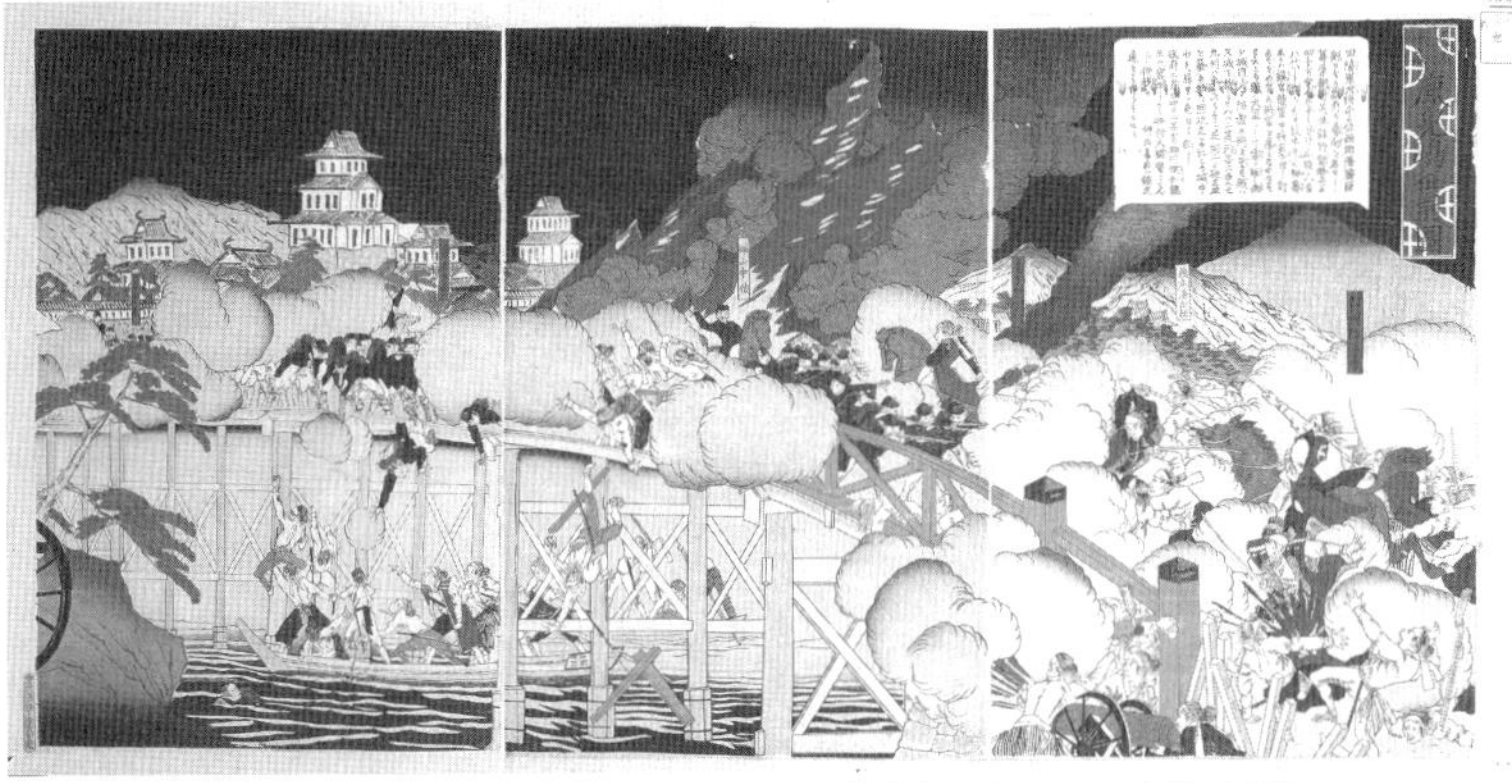

明治十年鹿児嶋征討図（1877年出版）【鹿児島県立図書館所蔵】

帰島できたのは半数にも満たなかったという。

西南戦争が農民のための反政府の戦いであったかといえば、疑問である。明治九年政府がもっとも恐れていたのは、全国的に起こっていた地租軽減などを要求する農民一揆であった。明治九年から十年にかけては、天草や大分県など九州各地で農民一揆が起きている。熊本県では士族による神風連《じんぷうれん》の乱がおこった。政府に対して改革をせまるのであれば好機到来であったかもしれない。ところが、実際には薩軍はこれらと連帯することはなかった。

西郷が薩軍を率いて上京するときの理由が「政府に尋問の廉これあり」というだけであるから、今から軍事行動を起こした真意を推し量るのは難しい。

西南戦争後、ある老母が言ったという言葉がある。「西郷殿（セゴドン）がイシレンイッサドンハッメヤッタデ（訳の分からない戦を始められたので）家も何もスッパイネゴッナッシモタ（すっかりなくなってしまった）」西南戦争が九州焦土戦争と言われるゆえんである。

岡山から政府軍として従軍した榊原多一郎が父親・春平に宛て

た手紙では、西南戦争終結後に、人家の焼失が大きいところは第一に鹿児島、第二に熊本、第三に人吉、第四に小林、第五に加治木としており、南九州の被害状況を伝えている。

少なくとも、田原坂の決戦以降の宮崎・鹿児島両県での抵抗は無益であったと言わねばなるまい。西南戦争で鹿児島は九十五パーセントの市街を焼き尽くされた（太平洋戦争でも鹿児島市は面積割では我が国最大の被害を受けている）。

西南戦争による多くの犠牲があったことは、決して忘れてはならない。

何より「ツレ」を大事に、目的分からぬまま従軍

戦死者は政府軍・薩摩軍ともに六千～七千人の多さに及ぶ。ほとんどが将来を担うべき青壮年であった。

西南戦争に従軍していった薩摩兵児《へこ》の行動様式については、郷中教育を抜きにしては語れない。地域の結社である郷中では、長幼の序と自主性が尊重される。上意下達の機構のもとで、共同的な仕事が遂行される。そこでは、集団の一員としての役割の認識、実行の責任、協調性、規律と秩序が求められる。

しかし、郷中の自主性とは、決して「社会に対する個人の自主性」ではない。言い換えれば、自分たちのことは自分たちで決めるのであって、自分のことを自分で決めるというのではない。

これは承認価値を基準とする行動様式である。集団の中で皆がどう思うかを行動の基準にするのである。これに対して自分が正しいと判断したことは他人がどう思おうと断固として実行するというのは、独立価値を基準とする行動という。

鹿児島県本土と奄美の青少年の行動様式を比較した時、郷中教育の伝統を欠く奄美の青少年の方が、より独立価値的であるのだ。

とにかく、郷中の中で精神形成した薩摩兵児は何よりも「ツレ」（共同行動）を大事にした。

明治六（一八七三）年「征韓論」に破れて下野した西郷は、翌年、武士の特権を奪われ生活に困窮した鹿児島城下士族子弟のために大山綱良《つなよし》県令保管の県費を支出して私学校を設立した。その主力は西郷に従って帰郷した篠原国幹《くにもと》・桐野利秋などの旧近衛兵であった。近衛兵は、天皇直属の誇り高き軍隊であり、政府を軽んじるところがあったと思われる。陸軍大将である西郷は、鹿児島にあってもんもんとしていた青少年士族に一定の指針を与えようとしたのであるが、政府からは、西郷の私兵のようにみなされ

篠原国幹【鹿児島県立図書館所蔵】

薩肥戦略記（貞広／筆、1877年出版）【鹿児島県立図書館所蔵】

てしまった。

県内各地に私学校の分校が設けられ、県庁・警察は私学校徒で固められた。政府の推し進める地租改正などの近代化政策は骨抜きにされ、木戸孝允は「鹿児島県だけは独立国のようである」と大久保利通に苦情を漏らしている。

加治木（現・姶良市）などでは「私学校徒にあらずは人にあらず」といった勢いであり、少しでも私学校に批判的な者は迫害を受けた。自分の立場は中立であると言えるのは、島津久光などの島津家門閥のごく一部の人だけであった。

戦がはじまると、「郷中の仲間がみんな行くので」という理由で付いていった人がいたという。

「アイモイッド、コイモイッド、ワヤイケンスットヨ。（あいつも行くぞ、こいつも行くぞ、お前はどうするんだ）」というわけである。

また、「オセンシ（長老）が行くち言やしたで行っ申した（先輩が行くと言ったので、自分も行った）」と、戦後の軍事裁判で供述した者もいる。

多くの士族が薩軍の勝利を信じて戦争の目的などよく分からないまま従軍したのである。生き残った者には、論功行賞どころか、国事犯としてのつらい懲役が待っていた。

戦後の遺族の生活があまりに悲惨だっただけに郷土には大久保利通や川路利良の政府に対する深い恨みが残ってしまった。

鹿児島市の祇園之洲にあった官軍兵士の墓碑千二百余は、太平洋戦争後に整理されてしまった。当時いかに荒れ果てていようとも、南国で果てた東北の百姓兵の霊はながく弔ってあげたかったと感じている。

中国革命における孫文の同志黄興は、明治四十二（一九〇九）年西郷隆盛の墓参りをしたとき、詩を賦し、西郷は王師（天皇の軍隊）を打つべきではなかったと批判している。

また、西南戦争に「警視抜刀隊」として戦った会津士族の篠澤虎之助の胸にあった手帳は、弾丸が貫通していた。そこにも、西郷が玉師と戦ったことを非難した以下の文言が記されていた。

「賊は西郷のために一身を失う。是《これ》何事も玉師（王師と同じ、天皇の軍隊）のある処を忘れて西郷を尊ぶ。その卑志《ひし》悲しむべし」

篠澤は会津白虎隊の生き残りで、享年二十六歳であった。

西郷には、天皇への叛乱の意図はなかったと思われるが逆賊とされてしまった。たしかに、鹿児島師範学校の教師で、山形県新庄士族の北条巻蔵によれば、明治九（一八七六）年、私学校徒は国に大事があれば起つと息まいたが、私学校の武力はあくまで、日本の国家的危機に備えてのものだったのであろう。

非西郷派の人々

西南戦争前の鹿児島県は、「西郷王国」といわれ、私学校党一色であったかのような観があるが、各郷に非西郷派の人もいたことは確かだ。

例えば、田布施《たぶせ》郷（現・南さつま市）の最高職である噯《あつかい》の宮内善左衛門。彼は安政年間から吹上浜砂防工事に従事し、資金三百貫を投じ、荒廃地数十町歩を開墾し、明治二十四（一八九一）年病役するまで四十五年間、砂防林育成に尽力した。宮内は西南戦争が勃発すると、やむなく工事を中断して、桜島へと避難した。桜島は、島津久光の疎開先であり、中立でいられると考えたのであろう。宮内が船に乗り込むと、追手が迫っており、まさに危機一髪の脱出であった。門閥の宮内家は、当然頭《かしら》に立つべきと目され、田布施郷において中立であることは許されなかった。

北薩の大口郷（現・伊佐市）噯の有村隼治夫妻の場合は悲惨であった。有村家は天保の改革のとき、曽木川疎水工事を指揮し、伊佐米を宮之城の蔵まで送る舟運を開いた功績があり、海音寺潮五郎『二本の銀杏』のモデルとして知られる。西南戦争の時、大口郷は辺見十郎太が徴募に躍起になったところで、田原坂の戦い敗退後の三月、隼治は夫人マスと別々に呼び出され、斬殺された。有村が官軍に内通したというのが殺害の理由であった。

日向の志布志郷には、大慈寺の住職で勤皇僧の柏州和尚がいた。文久二（一八六二）年京都で島津久光の幕政改革を助けた人物だ。西南戦争では法嗣商隠とともに順逆の理を説いたために私学校徒から迫害され、寺領の田之浦に追われた。

大隅の高山《こうやま》郷（現・肝付《きもつき》町）でも、曖の宇都宮東《うつのみやとう》太《た》が非協力的であった。高山士族はひとかどの国学者である東太に私淑していた。西南戦争が始まろうとすると私学校に通っていた士族三人が幾度か帰郷して参加を呼びかけたが、応ずる者は少なかった。しかし最後は、東太も時勢に抗しきれず、「一束三目《いっそくさんめ》ハッチケ！（行け）」と言ったと伝えられる。

辺見十郎太【鹿児島県立図書館所蔵】

北薩の菱刈・太良《たら》郷（現・伊佐市）の戸長伊地知嘉兵衛・時任時之助は、初め薩摩軍を支援するが、後は官軍に協力している。同じく菱刈郷の要職にあった山下竹之助は豪放で見識があり、西郷とは親交があったにもかかわらず挙兵に反対して官軍に入り、流れ弾に当たって戦死した。

三万五千石の私領都城隊は戊辰戦争で活躍したが、西南戦争では旧領主島津久寛は桜島に避難した。このとき、碩学木幡《こわた》栄周はじめ百余人が久寛に従った。都城学校長を務めていた木幡は、戦後いち早く都城に帰り、学校を復興した。

同じく都城の家中、隈元棟寛《とうかん》は文久三（一八六三）年高奉行・剣道師範を務めた武人であったが、明治十（一八七七）年鹿児島県第百五大区長の職にあった。周囲の者が薩摩軍につく中で、「義を取り敢て応せず、賊将大に怒り先つ棟寛の首を刎ね首途を祝せん」としたが、幸い難を逃れた。

非西郷派の共通した特徴は、地方の門閥有力者、地主、豪農、篤農家、産業開発者である。武士としての特権は失っても、彼らには守るべき土地があった。同じ士族とはいえ、旧城下士からは差別待遇を受けていた。

西郷の下野に従ったのは、近衛兵や旧城下士が多かった。西郷は陸軍大将のままであり、軍人が従ったと考えられる。

一方、大警視川路利良のもとにいる警察官は軍隊ではない。東京の市民の安全を守る責務をもつ警察官である。この警察官には、郷士出身者が多かった。川路の説得により、彼らは職務を放棄して鹿児島へ帰るのを思いとどまったようである。

明治十（一八七七）年当時、県庁・警察・地方吏員ことごとく私学校徒で固められ、その中で多くの良識が押しつぶされ、九州焼土戦争ともいうべき西南戦争は避けられなかった。同じような状況が太平

川路利良【鹿児島県立図書館所蔵】

洋戦争についてもいえよう。

薩摩軍の弱さ

中央集権化を急ぐ政府は、地租軽減一揆など重大な危機に直面していた。大久保は広汎な農民一揆と不平士族の反乱が合流することを恐れていたはずである。鹿児島士族に不穏な動きが見え出した明治九（一八七六）年十二月、地租を三パーセントから二・五パーセントに軽減した。

有司専制に対する西郷の決起は必ずしも非とするわけにはいかないが、大きな限界があった。私学校精鋭を主力とする薩摩軍はついに九州各地の農民一揆勢を受け入れなかった。さらにかつて戊辰戦争を担った地方の門閥地主層を取り込むことに成功していない。

薩摩軍は、薩摩の最強軍団と信じられていたが、挙兵したときは精神的にも経済的にも基盤が怪しかったといってよい。出水郷の噯、伊藤祐徳にはそれが見えていたのであろう。一応出水軍をまとめるが、初めから西郷に殉じる気はない。出水の被害が最小限ですんだのは、伊藤をはじめとする数人の戸長・副戸長クラスの門閥諸家が独自の対応策を協議したためである。「裏切り」ではなく、人と土地を守るという中立の立場である。

こういう土着の思想的健全さが無いというところに観念的行動論が生まれ、一億玉砕的思想が生まれるのだ。

二つの伊丹家　～日本人の悲劇～

ＮＨＫ大河ドラマ『山河燃ゆ』（一九八四年放送）のモデル、加治木郷（現・姶良《あいら》市）の伊丹明の家も西南戦争に巻き込まれた。伊丹家は、関ケ原の合戦に敗れた島津義弘が泉州堺から連れてきた茶道の名人、伊丹道甫の子孫である。天和二（一六八二）年には、二百二十八石余の伊丹孫兵衛、三十一石余の伊丹六左衛門の二家があり、孫兵衛家は世襲の組頭家である。伊丹明は、六左衛門の流れと思われるが、禄が三十一石余もあれば良いほうに属する。

私領の加治木は一万九千石余の大きな郷であったため、私学校では別府晋介を区長として送り込み、西郷自身も時々巡見するなどして旧加治木家中の掌握に努めた。西郷は、加治木の私学校に「敬天愛人」の縦書きの書を贈っている。明治八（一八七五）年

別府晋介【鹿児島県立図書館所蔵】

いちばん早く私学校分校もでき、私学校徒でなければ士にあらずという状況であった。

伊丹明の父は慶応三（一八六七）年生まれで丈四郎といい、その父かと思われる丈平が、加治木隊の半隊長となった。ところが、門閥の伊丹親恒は官軍についたため、家族は苦境に陥った。親恒の長男・松雄は、後年次のように記している。

「父の親恒は、西郷隆盛の私学校に入ったが、校内の不穏分子の陰謀画策を知り、ひそかに同志二十余名とともに鹿児島を出奔して東京に赴き、…郷士の人士をして大義名分を踏み誤らせぬよう勧誘すべき内命をうけて鹿児島に帰り、そしてその任務を終え、東京に向い国境を越えまさに肥後に入らんとする際、賊徒に捕えられ、鹿児島に護送され獄につながれた。

加治木においては、父と行動をともにした数名を除くほかは悉く皆賊徒党に加わり、生母の父も賊軍貴島隊の小隊長であった。それで生母も時勢に抗しがたく…生後一年半の愛児松雄と絶縁して実家に帰ってしまった。松雄の家は賊党の禍中に包囲され四面楚歌の窮境に陥り親族間の交通も断たれ、乳母を雇いたくてもくるものもなかった。…松雄の家は賊軍の本営に徴発され、祖父親昌は憤慨激怒のあまり、一族自尽の覚悟をなし、まず松雄を刺さんとし、白衣をまとわしめ、まさに一刀を下さんとしたせつな、馳せ参じた親族がこれを諌止してその刀を収めしめ、家族を連れて難を近村の農家にさけた。」（『加治木郷土誌』）

伊丹松雄は後の陸軍中将、南米はじめ欧州を回り、ブラジル移民の途を開いた人物である。

政府軍従軍者から見た西南戦争

明治十（一八七七）年におこった西南戦争についての記録は、薩摩軍側は裁判での供述をまとめた『西南の役薩軍口供書』をはじめ、西郷隆盛の助命を嘆願しに行ったために生き残った河野主一郎の追想談や、その他従軍日記など資料が残っている。一方、政府軍側の一従軍者の記録は薩摩軍に比べると少ない。今回、政府軍側で従軍した二人の日記と手紙について紹介したい。

まず、宮城県から参戦した上遠野《かみとおの》秀宣《ひでのぶ》の日記、「西討道《せいとうどう》之《の》枝折《しおり》」である。

上遠野は、明治十年六月に県令から出陣の指令を受け、千葉県習志野で朝六時から夕方六時までの十二時間軍事演習を受けてから出陣している。この軍事演習は非常に厳しいもので、中には逃げ出してしまう人もいたそうだ。

猛訓練後、船で現地入りしている。東北出身の上遠野にとって、宮崎・鹿児島という南国の地ならではの植生が珍しかったようだ。「煙草は六尺以上に繁茂している」「畑では薩摩芋を多く作っている」「各家庭で刀豆《なたまめ》を栽培している」など具体的に記している。

村田新八【鹿児島県立図書館所蔵】

また、上遠野は西南戦争がどうしてこれほどまで長引いているのかと不思議に思っていた。ある日、宮崎神社（現・宮崎神宮）で薩摩軍の兵士の妻が泣きながら戦勝祈願をしている姿を見て、女性までもが負ける気でいないのであれば、戦が長引いてもおかしくないと自分を納得させている。

もう一つは、先ほど少し紹介した、岡山から従軍した榊原多一郎が父親・春平に宛てた手紙である。榊原は前線で戦っており、何度も死にそうになったが、自分が助かったのは神のご加護だと感謝の気持ちを父親に伝えている。特に宮崎の佐土原川での戦いは激戦で、政府軍は相当苦戦している。薩摩軍からの狙撃により亡くなってしまったり、水に流されてしまったりする者がいたそうだ。

その後、延岡まで薩摩軍を追い詰めたが可愛岳を突破され、薩摩軍の行方が分からなくなった。榊原は斥候として熊本を偵察しに行っている。薩摩軍は、熊本

明治初年の鶴丸城【鹿児島県立図書館所蔵】

には行っていないため、政府軍は本当に薩摩軍を見失っていたことがこの手紙から分かる。

城山総攻撃の九月二十四日は、午前三時に整列をして、各旅団より二中隊をだして城中に進撃した。その時、大砲・小銃・砲声は城山が砕くるが如しと表現している。賊の将なる者として、西郷隆盛、桐野利秋、村田新八、辺見十郎太、別府晋介、山野田一介、石塚長左衛門、岩本平八、平野正介、桂久武、池上四郎、高城十次、蒲生彦四郎、小倉壮九郎の十四名の名前を具体的にあげている。この十四名が薩摩軍の幹部であった。

また、役夫一人の日給ははじめ三円だったが、肥後の国（熊本）で敗軍の折に二円になり、一円五十銭になり、一円になり、七十五銭になり、開城の際には五十銭ずつであったと記しており、給料事情も垣間見ることができる。

今までの西南戦争研究は、政治思想や戦術の分野がほとんどであった。このような政府軍側の一従軍者の日記や手紙を読むことで、戦場になった南九州の状況や、従軍者の気持ちをうかがい知ることができる。今後も新しい史料が見つかることを大いに期待している。

西南戦争から島津家文書を守った東郷重持

近年、地震や豪雨、台風など自然災害が多発している。その度に貴重な歴史史料が失われるのではと心配だ。前近代の九州では台風、豪雨、旱魃、害虫、疫病のサイクルに火山爆発、地震、津波が被害を増幅した。

明治六（一八七三）年、鹿児島城（鶴丸城）の御楼門と本丸が焼失した。放火とも雷ともいわれるが原因は不明である。残っていた私学校（旧厩屋）と二の丸（現・鹿児島県立図書館）も西南戦争で灰燼に帰した。

旧厩屋には藩記録所の文書蔵（六ケ所蔵）があったが、戦闘の直前に搬出され奇跡的に難を免れた。島津家の家扶（のち家令）東郷重持（一八三八〜没年不詳）は決死の覚悟で政府軍にかけあった。参軍川村純義の許可はとりつけたものの、前線では文書蔵に入ることを拒まれた。東郷は入れてもらえなければ自決すると迫り、やっと文書箱七十九点を救出することに成功した。

文書箱の中が厳しく改められたのは言うまでもない。重持は源頼朝以来の島津家にとって大事な史料の価値を訴えた。政府軍が鹿児島を制圧していた五月三日のことであり、文書は桜島に避難していた島津久光の元に届けられた。これが、現在東京大学史料編纂所にある国宝島津家文書である。武家文書の白眉と言われている。島津家文書は、私が大学院博士課程のとき目録作成を始めたが、その後平成十四（二〇〇二）年国宝に指定された。

鹿児島藩では明治二（一八六九）年藩内の寺院が全廃されていた。廃仏毀釈の模範を全国に示すためであり、島津家の菩提寺を含む寺院史料が焼き尽くされた。明治維新の目標が「四民平等」と「万国対峙」を達成することであり、「御一新」が唱えられた。御一新とは、旧体制の徹底的破壊である。

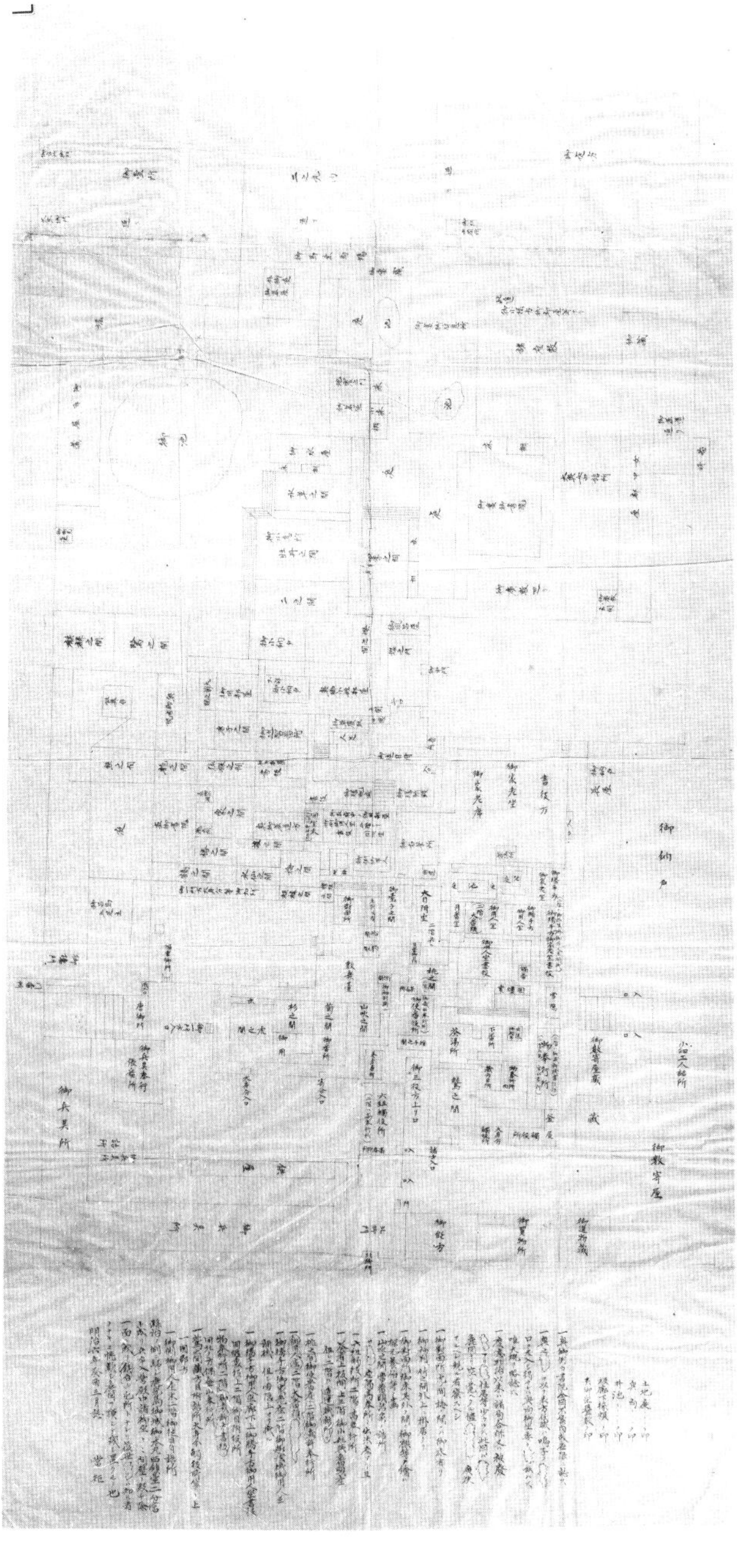

鶴丸城内殿舎配図【鹿児島県立図書館所蔵】

廃藩置県により鹿児島県の権参事（県令）となった大山綱良は、新しい県政の邪魔になるため、明治五（一八七二）年春に旧記録所（現・鹿児島市立名山小学校）にあった膨大な行政文書を焼棄している（市来四郎『史談会速記録』）。薩摩藩の藩政史料はこのとき失われた。

西南戦争の時、五月七日と六月二十五日の両度の戦火により鹿児島城下の武家地は焼失した。西南戦争に次いで太平洋戦争の時は、八度の空襲で鹿児島市街の九十五パーセントが焼失した。この時、鹿児島県立図書館（一九〇二年創立）所蔵の旧藩からの文献八万冊は、郊外の伊敷村に疎開し戦火を免れた。また、GHQが昭和二十二年軍国主義に関連する図書を焼き払うようにと命じてきた際は、当時館長であり児童文学作家の椋鳩十氏が、同じ過ちをくり返さないようこれらの図書を廃棄してはならないとGHQに抗議して認められている。鹿児島県立図書館では、後世のために椋鳩十氏が守った『追放図書目録』（昭和二十四年）を作成している。

歴史史料は、このような災難を免れて残された国民の財宝といってよい。その保存には東郷重持など多くの先達が関わっていることを忘れてはならない。近代洋画草創期の曽山幸彦（一八六〇〜九二年、鹿児島市出身）は、東京工部学校で洋画を指導して

東郷重持弓術図【鹿児島県立図書館所蔵】

いた。その代表作の一つが「試鵠《しくぐい》」であり、弓術指南をする東郷重持が描かれている（東京国立博物館蔵）。東郷は、藩の日置《へき》流弓術の師範であった。この下絵が、鹿児島県立図書館にある。東郷は国宝島津家文書の恩人だけでなく、弓術の師範として多くの弟子を育てていたのだ。まさに文武両道の最後の武士といってよい。

文書、記録書の保存を特定の人にだけ頼ってよいのだろうか。百年後の国民に今の歴史を伝えるために公文書館を設けるのは、私たちの責任であろう。

西南戦争が生んだ情報の発達と言論活動

西南戦争は、マスコミュニケーションの発達を促した。電信網がいっきに整備され、西郷自決の報も、電信により閣議中の大久保利通に届いている。

熊本城の攻防や田原坂の戦い、延岡和田越えの決戦などの戦況は、いちはやく全国民に報道された。開戦直後の明治十（一八七七）年二月二十二日、東京日日新聞の福地源一郎が従軍し、彼による戦地報道が話題を呼んだ。のちの総理大臣犬養毅も郵便報知新聞の記者として従軍している。

長崎の上野彦馬が写真を撮り、日本初の従軍写真家となった。

西日本新聞の創始者のひとり、福岡の藤井孫次郎らは、三月二十四日に筑紫新聞を創刊している。

戦争を機に、一種の情報改革が達成されたといえる。この時、日本はいわば「劇場国家」であったのかもしれない。西郷は、まるで千両役者であり、西郷の一挙手一投足が三千万人の国民の注目の的となった。さらに、新聞報道が拍車をかけることになる。城山で悲劇的な最期を遂げたことによって、西郷は国民の心像の中で永遠の生命を与えられた。

たまたま地球に大接近した火星が「西郷星」と呼ばれ、明治二十四(一八九一)年にロシアのニコライ皇太子が来日する際、同二十七年の日清戦争の直前には、西郷が戻ってくるという風評が流れた。

また、敗戦は反骨の言論人を生み出す。戊辰戦争の敗北により、賊軍となった東北から気骨のある言論人が輩出したように、西南戦争でも国事犯として懲役刑を終えた有志によって、鹿児島新聞が誕生し、反政府の論陣が張られた。

大分県出身の福沢諭吉は、明治十五年、『学問ノススメ』を発表、国家の専横に対して国民はいかに行動すべきかを問い、国民の権利意識や自由独立の精神を促している。門閥を何より憎んだ諭吉は、この書の中で、ディベート(議論)の大切さを訴えた。

その諭吉は、西南戦争直後に『丁丑《ていちゅう》公論』(刊行は明治二十四年)を書き、「西郷は天下の大人物なり」と記した。西郷の武力には反対したが、彼が無私の思いから抵抗精神を発揮したことを評価している。

民権を掲げて植木学校を主催した熊本県の宮崎八郎が薩摩軍に呼応したのは、反政府の行動を共にした後に西郷と対決する考えであったといわれるが、同じ民権論者で高知県出身の植木枝盛は、西郷

西郷星出現（1877年出版）【鹿児島県立図書館所蔵】

の死の直後、明治十三年に『西郷隆盛伝』を世に問うている。八郎の子稲天は、中国革命の志士・黄興を西郷の墓に案内している。

こうした西郷シンパの主張が世論の形成に果たした役割は大きい。西郷と同じく下野した板垣退助などにより、土佐立志社が設立され、既に言論による反政府運動が始まっていたが、西南戦争後、自由民権運動という言論、そしてジャーナリズムによる政府批判が本格化した。

西南戦争が、当初の政府と鋭く対峙する言論の流れを生んだことは、特筆すべきであろう。ジャーナリズムは、もう一度そうした原点に立ち返り、真価を発揮すべきではないだろうか。

西郷の死によって生まれた新しい日本

朝鮮に対する武力挑発である江華島事件や、薩長藩閥による「有司専制」に反対していた西郷隆盛は、明治十（一八七七）年政府に対して反乱を起こし自決（西南戦争）。賊将となった。

西郷没後、早期の憲法制定を要求した大隈重信が政府から追放されるが（明治十四年政変）、自由民権運動の高まりにより、明治二十二（一八八九）年大日本帝国憲法が発布され、翌年国民議会が開会された（立憲君主制の確立）。ここに西郷らがはじめた明治維新が完成したのである。

この年、西郷の賊名は除かれ正三位の位に復帰した。ペリー来航から西南戦争まで二十七年間の内戦の犠牲者は三万人を超えない。一八七一年のパリコンミューン討伐の市街戦で、十日間に三万人以上の犠牲者が出たことに比べれば、明治維新は無血革命に近い。

明治維新は、アジア諸国にとって、近代化の大きなモデルとなった。インド独立運動のボース、ベトナムのファン・ボイ・チャウ、朝鮮の金玉均、中国の孫文や黄興などが日本に亡命し、福岡の頭山満や長崎商人の梅屋庄吉などが資金援助している。黄興は、明治四十二（一九〇九）年南洲墓地の西郷隆盛の墓参りをし、漢詩を賦している。孫文は、明治維新を中国革命の第一歩といい、西郷を高く評価している。インドネシア独立のスディルマン将軍も、オランダの植民地から解放の闘志で日本人との深い交流を持っていた。

西郷が後世に残した「道義」

西郷神格化の動きは賊名が除かれて以降、顕著であった。西郷を祀る南洲神社が、鹿児島市、山形県酒田市、宮崎県都城市、鹿児島県奄美市、和泊町の合計五ヶ所にある。

上野山王臺西郷翁銅像（絵画）【鹿児島県立図書館所蔵】

海外での西郷評価に関する著作に大きな影響を与えたのは、新教徒で社会活動家内村鑑三『Japan and The Japanese』（一八九四年）であった。内村は、西郷を日本を代表する五人の筆頭として世界に紹介した。

明治維新の立役者であり、勇猛果敢さが強調される西郷だが、実は、徹底して「待つ人」だったとしている。真に必要に迫られなければ自ら動かないが、一度内心からの促しを感じると躊躇することなく決断をし、動く。それこそが西郷という人物の真髄で、「自己を超えた存在」と魂の会話を続け、そこに照らして自らの生き方を問う。それは、「敬天愛人」の信条から発するものだったというのである。

私も、内村の西郷評が一番合っていると思う。革命家の多くは死んでから、本当はこういう人であった、と非難されることが多いが、西郷にはそれがない。これが、西郷の国民的人気を保っている要因の一つのように感じる。

近年、西郷再評価が海外から始まったのは皮肉と言えるかもしれない。火を付けたのはハリウッド映画の「ラストサムライ」。西郷がモデルである。

アメリカのエモーリー大学マーク・ラビーナ准教授の『The Last Samurai』（二〇〇四年）もベストセラーになっており。ラビーナ氏の著作は、鹿児島大学時代の私の研究室での半年間の研究が基礎になっている。

次にイギリス在住の作家レズリー・ダウナー氏の『Across a Bridge of Dreams（夢の浮橋）』（二〇一二

年）も海外で話題になった。西郷の娘と会津藩士とのかなわぬ恋物語は、鹿児島での取材に基づいている。

米英の両書から、海外では西郷が大切にした道義やモラルを評価する動きがあるといってよい。近年の我が国でもモラルハザードのたびに西郷が回想されているようである。元東京都知事の二人は、政治的能力が高かったと思われるが、辞職、党籍離脱に追い込まれたのは道義的責任、人格の問題とされている。

「万民の上に位する者、己れを慎み、品行を正しくし、驕奢を戒め、節倹を勉め、職事に勤労して人民の標準となり、下民その勤労を気の毒に思う様ならでは、政令は行われ難し。」南洲翁遺訓のこの一節は、都知事が訓示に使っていたという。組織を運営するには自らを正すべきだということである。また、そのように上に立つ者が働く姿を見て、気の毒だと思われなければならない。そのくらい利他の心が必要なのだ。政治家への箴言である。

第五章　西郷隆盛の遺志を継いだ前田正名

西南戦争後の経済を支えた松方正義

「勝てば官軍、負ければ賊軍」といわれるよう、どちらが悪いというわけではないが、明治十（一八七七）年の西南戦争に必要な戦費調達のために、政府が発行した民部省札などの不換紙幣は、年間の政府予算に匹敵するほどの巨額だった。戦費四千二百万円のうち、三分の二にあたる二千七百万円が不換紙幣でまかなわれた。その結果、紙幣の流通量が増加し、戦後の日本は大インフレーションに見舞われ、国民経済が大混乱におちいった。

このインフレを収拾させたのが、「松方デフレ」もしくは「松方財政」といわれる、松方正義による明治十七（一八八四）年のデフレ政策である。

当初、意見が対立していた大蔵卿大隈重信の怒りを買った松方正義は、伊藤博文の計らいでいったん内務卿に転じていたが、明治十四年、大隈が「明治十四年の政変」で政府から追い出されると、大蔵卿に任命され、インフレ対策の責任者となった。

松方はインフレ対策として、酒税・煙草税の大幅の増税、地方税の増税、経費節減のための官業払い

松方正義銅像（鹿児島市下荒田町）【下豊留佳奈氏撮影】

下げを重点的に行い、財政引き締めに着手した。その結果、農産物の物価が下落し、その下落した物価で農民は農産物を売り、しかも高い税金を払わねばならず、農民の生活は窮乏していった。

農民だけでなく、四割を超す賃金下落により商工業者も松方財政下で苦しむこととなった。しかし、農作技術の改善が図られ、稲の浸種法、寒水に浸し土囲いする法、塩水選法など、知識や経験を交流する農談会などが各地でさかんに開かれ、農家は苦境にあえぎながらも、その苦境から脱却する必死の努力を怠らず、農業技術を高め、生産性を向上させていった。

いずれにしても、松方の政策は資本主義成立のための資本の原始的蓄積過程となり、このあとの農村の犠牲のうえに、全国で企業が勃興することになったのだった。

このころの薩摩閥から考えれば、松方正義はその中心的人物になってもおかしくない人物だった。しかし、財政面以外での政治手腕には欠けるところがあり、それゆえ、二度の内閣は内部分裂によって短命内閣に終わったともいわれている。

しかしながら、日清戦争後の首相・蔵相が松方であった第二次内閣では、内相に樺山資紀、陸相・拓相に高島鞆之助《とものすけ》、海相に西郷従道《じゅうどう》をすえるという

樺山資紀【鹿児島県立図書館所蔵】

薩摩閥内閣で、金本位制採用・産業資本育成・軍備拡張など、戦後経営に成功したといえる。

また松方は、第一次内閣の際の選挙大干渉にみられるように政党を敵視していたが、近代的財政金融制度の基礎を確立し、本格的企業勃興の道を拓いた点で高く評価されている。

派閥の長としての力不足が欠点といわれる松方だが、そのような松方に明治天皇は絶大な信頼を寄せていた。それは、松方にとって何よりも強い味方だったに違いない。松方財政に反対する閣僚や元勲に政策を阻まれながらも、財政委任の詔勅を得られたことで、松方は思う存分財政改革を進めることができたのだった。

日露戦争の開戦にあたっても、伊藤博文が及び腰だったのに対し、松方は財政上の問題は解決できると豪語した。開戦を積極的に主張したことが明治天皇に認められ、大勲位を受章している。

そして、伊藤博文・山県有朋のあとを継ぐ明治政府の中枢となっていったのだった。

同郷松方正義と前田正名の対立

こうした明治初期の松方正義による財政政策や勧業政策に真っ向から反対意見をぶつけた人物が前田正名だ。

前田正名は、嘉永三（一八五〇）年、漢方医前田善安の六男として生まれた。下級武士の出身のため、薩摩藩の英国留学生の選に漏れ、堀達之助が日本ではじめてつくった『袖珍《しゅうちん》英和辞書』を借用し、明治二（一八六九）年に上海で出版した。その販売収益に、大久保利通の資金援助をプラスし、同年、独自にフランスへ留学した。

当時のフランスでは、一八七〇年、普仏戦争においてナポレオン三世がプロシア軍に捕らえられ、第二帝政が終わりを告げていた。パリは五ケ月にも及ぶ籠城を続け、前田もその渦中にあって飢えに苦しんだ。

一八七一年、パリ・コミューン（自由都市）が成立すると、それに対し白色テロル（弾圧行為）が続いた。前田が目撃したのは、まさに廃墟と化していくパリだった。この体験が前田の大和魂を目覚めさせ、ただ洋才を夢見ていた青年をナショナリストに変えていった。もっとも、前田は偏狭なナショナリストではなく、第三共和政下に産業を回復していくフランスを見て、フランスの農学・農政を学び、その農業共進会などの勧業政策を積極的に吸収しようと努めた。

明治十一（一八七八）年のパリ万博には事務官長

前田正名【鹿児島県立図書館所蔵】

として臨み、日本製品が好評を博したことから、地方産業の近代化とその輸出による日本の立国を構想した。そして、明治十七年、農商務省兼大蔵省大書記官として、前田は勧業政策確定のため、日本全国の産業の現状を調査、今後の展望を各県に落として集大成し、全三十巻の『興業意見』をまとめあげた。

「フランスの富の唯一の源泉は農業である」とする「重農主義」を目のあたりに見てきた前田正名は、このパリでの経験から一貫して、農業というものを大事にしなければならないと主張した。彼は、農商務省次官などのキャリアとなり、自分の主張する仕事をまっとうしようと試みた。

しかし、前田の『興業意見』は、松方正義の勧業政策を真っ向から批判するものだった。松方は、重工業中心の立国を考え、急速な産業革命を引き起こすかたちで、デフレ政策を断行した。その結果、疲弊したのは農業だった。『興業意見』には農家の困

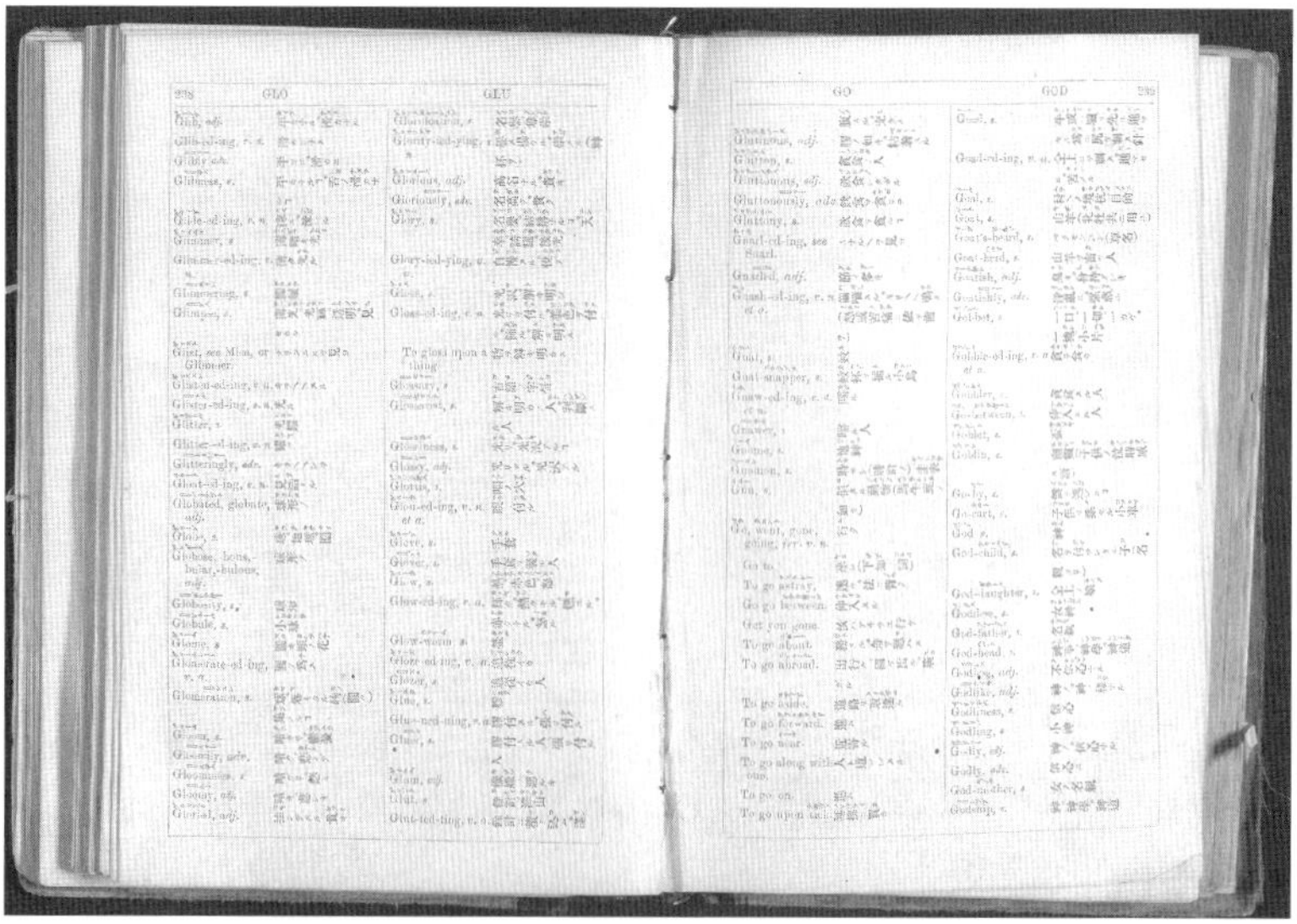

薩摩辞書(1869年前田正名らが出版)【鹿児島県立図書館所蔵】

窮ぶりが克明に描かれていた。あまりの対立路線に困惑した松方は、ついに前田を追放するが、そこであきらめる前田ではなかった。

前田は山梨県令を経て、ふたたび農商務省に復帰した。しかし、二つの勧業政策の対立はやまず、明治二十三（一八九〇）年に前田は下野した。そして、「村力おこらざれば、郡力たらず、郡力たらざれば県力たらず、県力たらざれば国力到底たらず」と、脚絆《きゃはん》に股引《ももひき》、簑《みの》と行李《こうり》を背負い、手にはこうもり傘といういでたちで、全国を講演行脚していった。その恰好から「布衣《ほい》の農相」と呼ばれ、地産地消の近代化・組織化の夢に向かい尽力することを惜しまなかった。

前田の講演に感銘して生まれた企業が「グンゼ」である。社名は、前田の主張する「郡是（郡の方針）」に由来する。創業者は波多野鶴吉で、肌着などを作る日本の代表的繊維製品メーカーである。前田が『興業意見』を出した明治十七年のころは、日本がもっとも大きな岐路に立たされた時期である。この十年後、まず日清、日露という二つの大きな戦争に勝つことで、日本はいきなり列強に伍すことになるからだ。それは、実力以上の道を選ばざるをえなくなるという歴史の筋書きに向かいつつある時代

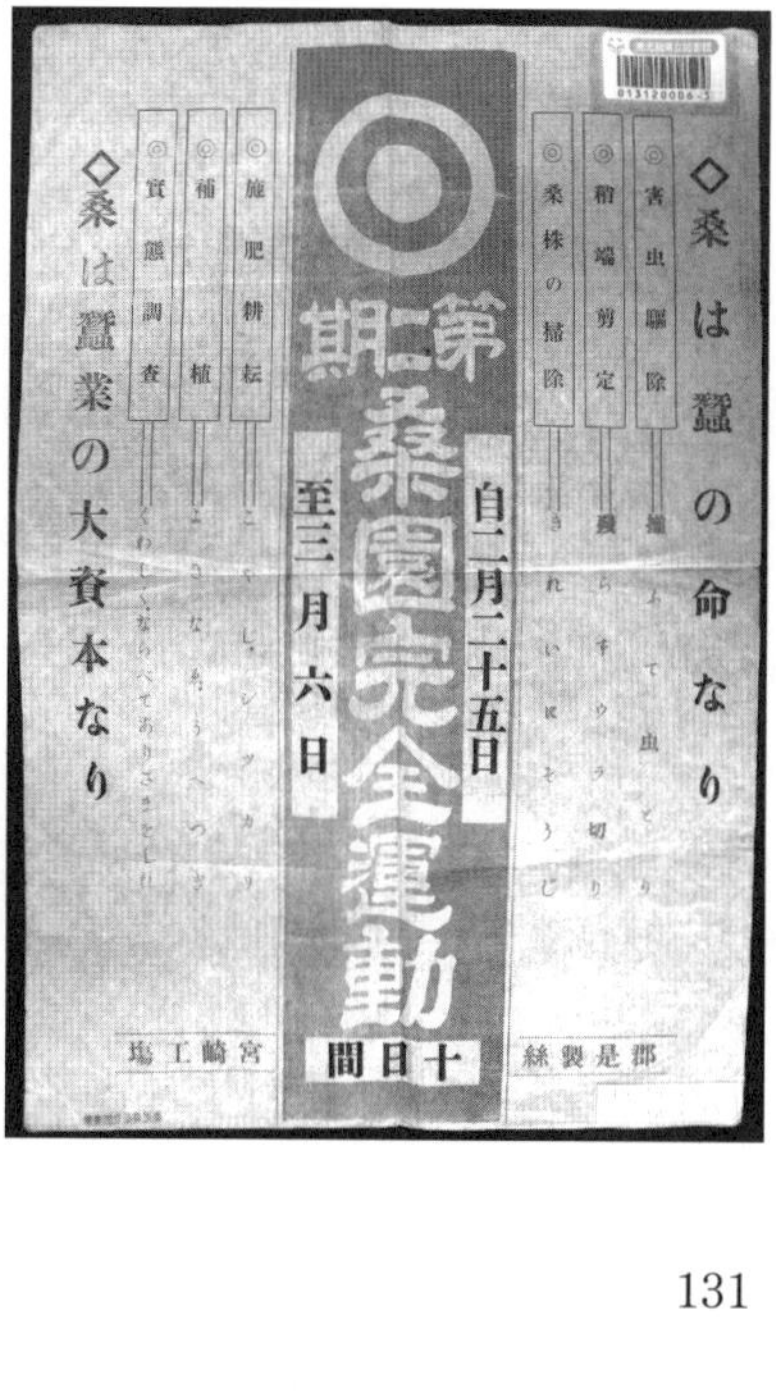

郡是宮崎工場の呼びかけチラシ【鹿児島県立図書館所蔵】

だった。

それまでの時代の「官」の立役者は大久保利通である。そして、大久保が暗殺されると、それを引き継いだのが、政府の部門では伊藤博文と山県有朋であり、経済的な路線ではやはり松方正義になる。ただ、松方はすでに述べたように、急速な松方デフレ政策で財政を健全化したものの、農民を犠牲にしてしまった。農村に立脚した加工業を犠牲にしながら日本を近代国家にしていくという工業偏重のやり方に対して、真っ向から反論したのが前田正名だった。

前田はあくまで、農村に立脚した加工業、陶器・磁器・織物・漆器といった日本の伝統産業品を輸出して日本を富国化していくことを捨てることはできない、農工併進で漸進的な資本主義国家をつくるべきだと、全国的に唱え続けた。荒れ果てたパリを見て、しっかりとした政策のあるフランスの農業を学び、万国博覧会にも臨み、そして至った前田正名の構想は、間違いのない強く誇らしい日本の国をつくるにはこれしかないという確信のあるものであった。また、伝統的産業品が粗悪なつくり方になっているのを正そうと、その改良に一生を費やした人でもあった。

前田の不屈の主張は、現代の食料自給率の低い日本にも通ずるものがあり、今の日本が厳しい局面を乗りこえていくためのヒントがあるのではないかと考えさせられるのである。

『興業意見』に賭けたすさまじい信念

先にも触れたが、農商務省大書記官前田正名が中心になって調査・編纂をした『興業意見』は、明治十四（一八八一）年に着手し、三年後の明治十七年に完成した。しかし、この意見が、殖産興業政策のマニフェストとして重要な歴史的文献であるとともに、明治十年代のわが国の経済事情を具体的かつ詳細に知ることのできる貴重な史料であることは、あまり知られていない。

『興業意見』は、同郷の先輩にあたる西郷従道農商務卿、山口県出身の品川弥二郎農商大輔《たいふ》の理解と励ましのもとで、文字どおり身命を投げうって完成した大事業であった。前田と、彼の指導のもと四十人あまりの部下がこの編纂事業に払った努力は、想像を絶するものだった。部下のなかには、この激務のために病を発し、ついに亡くなった者もいたと前田の腹心として協力した高橋是清は、その自伝に、次のように記している。

「前田君は第四課（松方財政下のデフレ不況の下で各省馬車馬を廃し、諸事節約し、冗員も大規模に淘汰したが、農商務省は逆に第四課を増設して淘汰人員を吸収して『興業意見』の編製に当たったたので、時人これを評して〝農商務省、馬を廃してしか〈鹿→四課〉を置き〟と皮肉った・筆者註）の人々を使ってまづ興業意見書の編纂に取掛った（四課をおいたのはのちのことで、これは高橋の思い違い・筆者註）。

明治二十三年には国会が開ける、その議員には、何《いづ》れ代言人か新聞の記者が多いであらう。それは多く我が国殖産興業の実際を知らない人達であるから、何はさておき我国の実情を知らせねばならぬ。法律規則はそもそもの末で富国強兵の基礎はこれを殖産興業に求めるより外には無い。…その時分農商務省内に小さな家があつて前田君はそこに寝泊りして編纂に従つて居た。私もそれを手伝つたが、意見書が出来上るまでには、随分考究もし議論も戦はし、そのために私も一緒に泊り込むことが多かつた。

四、五十人の職員が前田君の精神に感奮して朝は暗いうちに提燈をつけて家を出て、まだ役所の門の開かない前から行つて待つてゐる。さうして精励刻苦夜は暮れてからでなくては帰らぬといふ有様で非常な能率を挙げた。これは前田君一代の美事で役にたゝぬといふ人々（淘汰の対象になった冗員・筆者註）も使ひやうによつては十分の役をなすといふことを、前田君が実地に示してくれたわけだ。」

と。前田自身もその著書『所見』の付録に、

「農工商業の進歩と云ひ、発達と云ふ、余れ其《その》語を聞く、未だ其実を見ず。進むと云ふ、何れの処に向ふか。歩むと云ふ。何れの路に由るか。発と云ひ、達と云ふ、何の方法を以てするか。甲は西せんと云ひ、乙は東せんと云ふ、何を以て其吉凶を判定するか。

保護を非とす、何故に之を非とするか。放任を是とす、何故に之を是とするか。我国産業、講ずべきの事多し、究《きわ》むべきの理尠《りすく》なからず。講究の材料何れに在るか、進むに路なく、行くに方なし。志士の頭熱せざるを得るか、仁人の腸痛まざるを得るか。

天下方《ま》さに急務多くして、其中に又急務あり、継晷以燭《けいきいしょく》（日を継ぐに燭を以てする・筆者註）、尚

ほ足らざるを恐る。吹煙雑談、柝《たく》（拍子木・筆者註）を聞て登り、柝を聞て退き、之を官吏の常事と為すの輩なきに非ず。此輩、以て官吏の本分を尽すものとなすか。

抑《そもそ》も戎馬の間に身を致すは武臣の常なり。薄書の間に身を致すは文臣の常なり。非常の時に非常の労に服し、国家の為めに身を致す、文武豈《あ》に差あらんや。今国家干戈《かんか》の事なしと雖《いえど》も、而《しか》も憂慮すべきの事、実に多し。是れ文臣、身を致すべきの秋《とき》なり。此時に当り、一人あり、身を挺して難局に当り、又僚属をして昼夜勤労、文臣の本分を尽さしむ。是れ将校が兵卒を指揮して、硝煙弾雨の間に馳《ち》駆《く》すると同一事ならずや。然るに指して以て虐使と云ふ、独り余の名誉を毀傷《きしょう》するのみならず、併せて僚属其人の勤労を空《むなし》ふするものなり。請ふ、評者少しく顧みる所あれ。」

と、すさまじいばかりの信念を語っている。

以上、述べたような超人的努力の結果、明治十四（一八八一）年三月に編纂を始めた三年後、十七年八月には『未定稿　興業意見』が活版印刷され、同年十二月には『定本　興業意見』全三十巻が刊行されるに至った。

資本主義の構造に対する前田の問題提議

はたして、前田正名の『興業意見』は明治の世に活かされたのか。

じつは、刊行翌年の明治十八（一八八五）年、前田と『興業意見』を取りまく周囲の事情が一変してしまうのだ。前田のよき理解者であり協力者である品川弥二郎・高橋是清・西郷従道らが、海外へ転じたり、遠方へ任を命ぜられたりと、前田は孤立せざるをえなくなった。

それどころか、ついに同年十二月三十一日に、前田は解任されてしまった。これら一連の人事は、『興業意見』を巡る農商務省と大蔵省との激烈な対立の結果であり、『興業意見』グループの全面的敗北を意味するものだった。

農商務省の前田も品川も、かたや大蔵卿の松方も、ともに大久保利通の後継者であり、松方と前田は薩摩の同郷人の上、パリ万博では松方が副総裁、前田が事務官長として会期の半年間運営を取りしきった間柄だ。このことからも、両者のあいだにはなんら私的感情での対立はなかっただろう。決定的な問題点は、「日本資本主義の構造」をいかなるかたちに決するかということにあった。

すでに述べたように、異常なインフレーションを脱却するために行った「紙幣整理」は、インフレを収めるという目先の目的は達成したが、激しいデフレーションを引きおこした。

そのデフレによりもっとも被害を被ったのは農業部門だった。農産物価は一般物価の低落をはるかに上まわり、必然的に産業経営の赤字化、農産物価の大幅な下落が起こった。他方、地租をはじめとし各種消費税の強化、醤油・菓子などの新税の賦課《ふか》、地方税・区町村税の増税が断行され、明治十五年には前々年の十三年の約三割増になり、以後も年々増加は止まらなかった。

大阪・兵庫・鳥取などの耕地の五割が抵当に、神奈川・石川は五～六割、福岡が七～八割、広島八割、徳島は八〜九割、低い所でも富山の四割六分、秋田の四割、長野の二割、和歌山などは「たいていの土地は抵当に」と報告されている。

ほかにも、農産物価の暴落に対する公租公課の高騰・農家購入品の割高という鋏状《きょうじょう》価格差は、維新後の農村に壊滅的な打撃を与えた。鋏状価格差はシェーレ現象ともいい、資本主義経済の発展につれて、独占的産業部門と競争的産業部門とのあいだに、価格形成上の諸条件の優劣から、価格差が拡大することをいう。この名の由来は、グラフに表すと鋏《はさみ》を開いたようなかたちを示すところからきている。

また、この現象は一般的には工業製品価格と農業製品価格のあいだに顕著で、農業が不景気から好景気に転ずることを阻んだ。

『興業意見』の各県報告を見ると、借金農家は全体の七〜八割、抵当物件の土地は総面積の三〜五割で、そのほとんどは返済見込みのない絶望的状況にあることを報告している。

しかも政府は、デフレ政策と増税による地方産業からの吸収資本を、ほとんど無償に近いかたちで特権政商に官業払い下げし、補助を加えている。これはまさに前田が指摘するように、「諸般の事業を拡張するに熱中し、其原資たる国力の度合に至っては毫《ごう》も顧慮する処無かりし」であり、本末転倒としかいえないものだったのだ。

前田は『興業意見』のなかで、地方産業の優先的近代化を力説している。生糸・茶・砂糖・陶器・漆器・織物などの在来産業を振興して民力を養い、民富を形成して日本経済の安定的発展を図り、その健全な底辺のうえに、紡績その他の近代的機械工場工業を育成すべきである、という主張である。

しかし、このような漸進的発展段階策に、直線的に富国強兵を急いでいる大蔵省や軍部が耳を貸すはずがなかった。明治十七（一八八四）年八月の『未定稿　興業意見』にこそ前田の真の意図が込められていたが、これはとりもなおさず松方デフレ・増税政策の痛烈な批判となっているため、それが通るはずはなかった。

結局、松方の執拗なクレームによって修正を加え、同年十二月末にできたのが『定本　興業意見』だった。『興業意見』の中心となっている「興業銀行」設立構想についての農商務省案は、大蔵省案と大きく対立し、無残にもつぶされてしまった。地方産業振興という目標からは程遠いものになったのだった。つまり、『興業意見』は画餅に終わったのである。

こうして日本は、地方産業の自生的近代化どころか、それを阻害するデフレ政策・増税による、財政資金の政商巨大資本への投入、軍備拡充への道を選んだのだった。

このとき、重化学工業と都市化の進捗《しんちょく》と、農業や在来産業の不況という「経済の二重構造」の根深い種子が孕《はら》まれたといえるだろう。

前田と松方、私利私欲を超えた宿命の対決

この宿命のライバル、松方正義と前田正名を抜擢したのは大久保利通である。大久保は、二人を後継者として抜擢したが、これには単なる人事としての登用だけではない、大久保なりの思いいれがあった。というのも、二人の関係は西郷隆盛と大久保利通の関係に似ているのだ。つまり、考え方の違いから明治六年の政変で袂《たもと》を分かった西郷と大久保のように、私的には非常に親しい仲だが、表舞台では真っ向から対立したのだ。

しかし、意見が対立しようとも、二人は年齢も離れ先輩後輩の意識もあったため、人間関係の断絶には至らなかった。その証拠に、前田が主催する各種実業大会・共進会などにも、松方はしばしば足を運んでいる。もともと、松方の今日あるは大久保のおかげであったし、前田が大久保の姪にあたる石原近義の娘イチと明治十四（一八八一）年に結婚したときは、松方が媒酌人、大隈が親代わりになって大久保邸で挙式をしている。また、パリ万博での関係はすでに述べたとおりである。

そうした関係から松方は、日本資本主義の方向が確立したとき、地方産業近代化に情熱を燃やす前田を、明治二十九（一八九六）年九月成立の「松隈《しょうわい》内閣」の農商務相に任じようとした。ところが、前田のほうからこの話は断った。そして、前田はついに没するまで野にあって繰りかえし行脚する「布衣の農相」として地方産業振興に貢献したのであった。

そもそも、両者の対立は日本資本主義育成に関する方法論の相違であり、農業を立国の基本とする

「農本主義者」前田が、公的立場で敢然と大先輩に対抗したものだった。

前田の心の内を知る手がかりとして、次のような話がある。前田は、著名画家富岡鉄斎と親しく、富岡は彼のために彼の肖像画を描いた。「前田行脚の絵」と題するその絵に「獅子独行」と賛がしてある。前田はこの絵をことのほか愛したといわれている。まさに、前田の心境を映したものだったのだろう。

鉄斎が評したガムシャラで直情径行的な性格をもつ反面、前田は、大久保のもつ「為政清明」を実践した高潔な人柄をあわせもっていたといえる。かつて、征韓論において、大久保が骨肉以上の盟友で先輩の西郷との激突を辞さなかったように、前田ももっとも親しい関係にあるべき先輩松方に対して、農商務省的立場から『興業意見』を突きつけ、「日本資本主義育成の方法論」において、激烈な対抗を厭《いと》わなかった。

また、前田は、明治二（一八六九）年のフランス留学以降、大正十（一九二一）年に没するまで、八回欧米に渡り、滞在期間はのべ十数年に及んでいる。前田は、「まったく家に居たことがない人で、今日帰ったと思うとまた翌朝すぐに旅に立った」と、遺族は述懐している。日本国内も、海外も前田の足跡至らざるところなしというほど精力的な行動派だったことが分かる。前田は死の前年、八回目の海外旅行を終えて、「八たび行、年は七十又五つ　元気の外はゼロとこそ知れ」という歌を残している。みずからの信念に従い、一生進みつづける生き方は感動的だ。

たとえ当時の政府に受けいれられなかったとしても、前田の蒔《ま》いた地方産業振興の種子はあちらこちらで芽生え、実りだした。しかし、彼自身の身辺に残されたものは「ゼロ」だった。

ちなみにいえば、西郷隆盛・大久保利通・松方正義・前田正名四人の共通点は、身辺はゼロ、もしくは巨債を残し、難局をあえて避けない愛国者であったところだ。

さらに、誤解のないようにいえば、前田の主張はけっして富国強兵のための殖産興業を否定したものではなかった。その興業の原資である国力の度合いを考慮に入れつつ、日本資本主義の安定的成長を図るべきだと提言したのであった。

そのために、生糸・茶・織物など在来産業を育成して民力を養い、そこから無理なく工場制工業や軍需工業その他、近代化の原資を汲みとるべきだと主張したのであり、まさに経済評論家・高橋亀吉氏のいう「現実即応の政策」を提案していたのである。

明治以後百年を迎えたとき、太平洋戦争を経験した日本は、日本経済の二重構造の危険性・脆弱性を悟った。さらに三十年後、前田正名の意見は、「地方の時代」といわれる一九八〇年代に生まれた反省とも一致し、日本経済の再出発点を示してもいる。

前田の生きた時代とはちがい、現代は豊かさ溢れる時代であるが、前田の夢はなお実現されたとはいえないままである。むしろ、その豊かさの果てに行きづまった今日、只今の重大な課題を、百年以上前から前田正名は問うていたのだといえるだろう。

脚絆・股引・簑を着た「布衣の農相」で全国行脚

明治二十五（一八九二）年八月八日、前田は全国行脚に出発した。脚絆に股引、簑と小さな行李を背負い、手にはこうもり傘とボストンバッグを持ち、「布衣の農相」といわれた異様ないでたちで、行脚を開始した。このために前田は、東京の自邸、その他ほとんどの資産を売って運動資金をつくり、地方産業振興の民間運動・遊説に従事した。

まず、静岡・飛騨・富山・石川・福井・関西を遊説し、茶業者の全国的団体結成の必要性を説いていった。そして、東北地方・北海道行脚遊説で、ようやく前田の主張に呼応して関西茶業会・九州茶業会・関東茶業会が結成され、静岡県の有志も合流し、「全国茶業者大会」を開催するにいたった。

現代的視点から見ても、農業・地場産業をどうやって充実させていくかということは大きな課題だ。前田の人生の課題も、農業と地場産業で日本を富ませることであった。前田は、農商務省から払い下げてもらった播州（兵庫県）のぶどう園及び神戸オリーブ園、それに自分の所有地であった鹿児島・宮崎・大分・福島の土地を「前田一歩園」と名付けて開田を進め、果樹の増殖も指導していった。

前田正名（イラスト／公ーhamuー・作）

百年以上先の日本を見通していた前田の「農業立国論」

県を超え、同じ農業生産者の組合「農会」を初めてつくったのも前田である。前田はフランスでの体験から、農業立国を目指し、「農会」の指導者としても全国を行脚した。たしかに、フランスは主な輸出品が農産物や酒類という農業立国の国である。前田は、山梨県令のときにワイン製造を奨励したが、「ワイン王国」フランスでそのすべてを見たからこそである。

私も前田に思いを馳せ、平成十九（二〇〇七）年十二月、フランスのシャンパーニュ地方の調査をしたことがある。五千ものワイナリーを指導・管理しているエペルネのシャンパーニュ委員会を訪ね、厳しすぎると思われるほどの品質向上と管理の仕組みをヒアリングし、なるほどと納得させられた。その後、平成二十七（二〇一五）年にシャンパーニュ地方が世界文化遺産に登録されたことが大変喜ばしい。

薩摩藩出身の三島通庸《みちつね》も、果樹栽培に尽力した人である。三島は、前田の『興業意見』から遡ること十年、明治七（一八七四）年に山形県令になり、西洋梨とさくらんぼを知事公舎の中で改良し、ラ・フランスや佐藤錦につながるような品種を改良した。農産加工業を重視している姿勢が、その行動と成果からうかがわれる。

一部には、前田の先駆けともいえるそうした動きはあったが、当時は富国強兵が焦眉の急であり、国全体がそのための工業推進に傾いていた。しかし、農民の生活を考えた場合、農産加工業を産業として成立させなければ、農村は疲弊し、日本の国力を支える民力そのものが衰退してしまうことが明白であった。明治の知識人の中には、そのことに気づいていた者もいただろう。例えば、森林太郎（鴎外）は、多くの兵士が病死する原因が「脚気菌」によるものだとして高木兼寛（薩摩藩出身）の唱える食事原因説に反対していた。ドイツのコッホ研究所帰りのエリート森からすれば、田舎出身の医者の説は時代遅れと思っていたのかもしれない。当時は、ビタミンの存在が知られていなかった。五年後（二〇二四年）に紙幣の肖像になる北里柴三郎も高木と同意見であった。森は高木説が正しいことが分かってから、医学より文学の方へ逃げ込んだのではないだろうか。晩年は帝室博物館の総長を勤めている。

現代でも、地方産業を確立させ、地方が元気にならなければ、日本全体の復興は絵に描いた餅に帰するしかない。頭ではそう分かっていても、さて現実となると手をこまねいている人が多い。今こそ、日本全体を地域と見て、地域循環型の農業と経済とを打ちたてなければならない。その意味で、前田の提言は、彼の時代にはまともに受け入れられなかったにしても、むしろ現代の日本に強く訴えるものがある「百年の計」だったのではないか。

「特許法」を提案

前田正名は、日本の在来産業の輸出品に粗悪品が出ていることを憂慮し、粗悪品を何がなんでも絶たねばならないと思っていた。そこで考案したものが「特許法」だった。

日本で特許制度が知られるようになったのは、鎖国の時代が終わり、遣欧使節団の一員としてヨーロッパに渡った福沢諭吉が『西洋事情』のなかで、欧米の技術進歩の背景にある特許制度の重要性を紹介したことにはじまる。

しかし、まだ当時の国民には特許制度は十分に理解されず、明治四（一八七一）年に「専売略規則」が政府から布告されても、発明品を審査する人材不足などの問題もあり、現実には運用がむずかしく、一年で廃止となった。

その後、明治十年に開かれた第一回内国勧業博覧会において、臥雲辰致《がうんたっち》が日本初の臥雲式紡績機を発明出展し、最優秀賞を獲得した。しかし、のちに大量の模倣品が出まわった。

このように「特許法」がない社会では、特許権が得られないまま、同業者から模倣品を製造・販売されてしまい、粗悪品を売るという悪質な商売まで現れることになる。その結果、市場が混乱すれば、本当に品質のいいものはつくられず、日本の製品を海外に輸出することも叶わなくなるだろう。

こうした状況を憂えた前田は、「特許法」を整備し、粗悪品・模倣品を取り締まる必要があると考え、『興業意見』の作成にもつながった。

ここで前田のいい相談相手になった人が、アメリカ帰りの森有礼《ありのり》だった。森に自分の考えを説き、「特許法」を誰に任せればよいか相談したところ、森は高橋是清を推薦した。そうして、高橋が初代特許庁長官に就くこととなった。

そして、明治十七（一八八四）年に「商標条例」、翌年に「専売特許条例」、そして明治二十一年には、「意匠条例」が公布された。このような先進国並みの法整備ができたのには、治外法権を認めた不平等条約を改正したいという思惑もあった。

高橋の功績はこれだけではない。早くから国民全体の生活水準を引き上げなければならないと考えていた。「富国強兵」ではなく「富国裕民」を唱え、政党・中央政府・地方政府・大企業、中小企業、労働者らが協力しながら生産性を向上させることが重要であると主張した。加えて、地方役人や事業家のほうが地域のことをよく知っているため、地方のことは地方に任せよともいっている。まさに、「地方分権」の先取りだ。

高橋を前田に推薦した森有礼は、鹿児島城下に生まれ、藩の西洋学問所である開成所で英語を学び、

森有礼【鹿児島県立図書館所蔵】

薩摩藩留学生に選ばれイギリスに渡った。文明開化の思想的母体になった明六社を結成したことでも知られるが、アメリカ公使を五年間つとめたあと、明治十八年伊藤博文内閣の初代文部大臣になった。在任三ケ月で、学校令公布、学校制度の改革を行い、国家主義的教育方針を打ち出した。明治維新を達成した日本が世界の一等国になるためにはまず人づくりから、という教育理念のもと、近代的学校体系の骨組みを築き上げた。

また、私財を投じて商法講習所（現・一橋大学）を設立した。欧米留学で西洋文化を学び、文明開化の先頭に立ったが、日本の富国強兵の必要性を痛感した森は、革新と保守の二つの思想を同時にもっていたといわれている。

前田正名らに報いる道はジャポニズムの再興

昔、「上等舶来」という言葉が当たり前のようにいわれる時代があった。メイド・イン・ジャパンは粗悪品が多い、外国製品はいい、上等なものは全て舶来品といわれていた。今では、日本製品は非常に高品質であることがごくふつうになったが、コスト高であることも周知の事実だ。

しかし、これからの地方産業は、コストに見あうだけの製品のよさということに徹底して向かうべきだ。例えば、私は平成十九（二〇〇七）年パリで講演をした際、大島紬を着て臨んだが、「ジャパン・

クール（恰好いい）」といわれ、非常に好評だった。また、平成二十七（二〇一五）年に食がテーマで行われたミラノ国際博覧会では、「Harmonious Diversity」（調和ある多様性）を掲げた日本館が人気を博した。日本館の入口では美しい水田の風景の映像が映し出され、館内は日本の農業の実態と農産物が展示されていた。日本館広場での私の演題は、「霧島の食と文化」とした。この年、フランス・ブルゴーニュのワイナリーもシャンパーニュと同様に世界文化遺産に登録された。世界遺産となっていた日本食ブームに乗って、枕崎のカツオブシ製造者がフランスのブルターニュに工場を建てている。

今こそ安心・安全の信頼度の高い日本食で新しいジャポニズムの勃興を目指すべき時だと思う。

第六章　島津斉彬の遺志を実現させた産業革命

始まりは島津斉彬と石河確太郎の出会い

平成二十六（二〇一四）年六月、『富岡製糸場と絹産業遺産群』が世界文化遺産に認定された。この富岡製糸場が設立された明治五年は、西郷隆盛らが岩倉使節団の留守を預かっていた留守政府時代であり、当時、蒸気機関を扱えた日本人は名前が分かっている限りでは石河確太郎のみである。

石河確太郎は大和国高市郡石川村（現在の奈良県橿原市）の生まれで、江戸へ出て蘭学者・杉田成卿《せいけい》に学んだ。複数の藩より招聘されたが、島津斉彬に見いだされ、お庭方、諸方交易方、開成所教授などを歴任し、蒸気機関の製造にも携わった。蒸気機関の技術者として群馬県に赴いた石河は、これからの産業として繊維紡績が重要であることを理解していたが、それを石河に教えたのは他ならぬ島津斉彬であった。

斉彬が早い段階で繊維産業に目をつけたのは、浜崎太平次が舶来の綿糸を斉彬に献

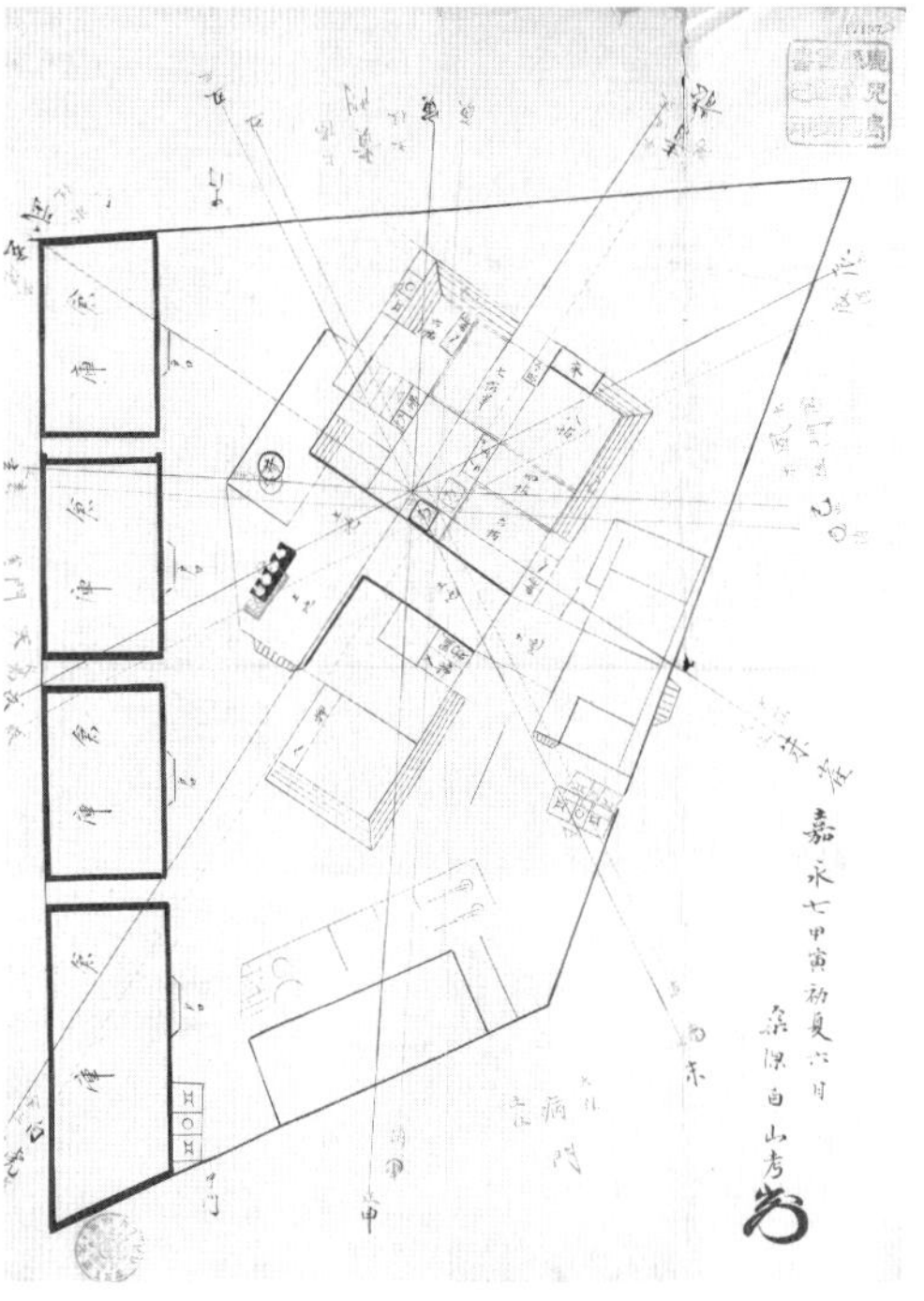

薩藩貿易家濱崎太平次屋敷図【鹿児島県立図書館所蔵】

上したことがきっかけである。トップダウンではなく、商人がこれからの時代のさきを読んだのだ。浜崎太平次は、指宿の海商である。浜崎は斉彬の政敵であった調所広郷の改革を海運で支えた海商であった。藩主に就封したばかりの斉彬は指宿に赴き長期間太平次のもとにいた。おそらく調所広郷と太平次という二人がつくった薩摩藩という新産業国家の体制を受け継ぐ覚悟で、そのノウハウを太平次から教わったのであろう。その太平次がこれからの時代はこれですと示したものが舶来品の綿糸であった。

製品の素晴らしさに驚いた斉彬は西陣に鑑定を依頼すると、絹と綿の中間程の価格がついた。斉彬はこれを西洋諸国が機械で量産することに危機感を抱き、「我が国膏血《こうけつ》を絞るものは是だ、汝宜しく桔据努力すべし」と石河にこの糸と一冊の洋書を示したという。これを聞き、当時有数の綿作地帯であった大和国出身の石河は、紡績業を天職と感じたことだろう。この後弟の朔太郎も呼び寄せ薩摩藩士にし、二人で蒸気機関を作り上げた。その際、反射炉に製鉄所、ガラス工場、造船業と全て工業社会の基幹産業も同時にスタートさせている。

一八五〇年代に真っ先に始めたということが重要である。アメリカが本格的に機械紡績に着手し軌道に乗ろうとした時に遅れることなく、辛うじて機械紡績の必要性を認識し着手した。私の父の家は鹿児島市田上町の美穂崎《みほざき》にあった。美穂崎には水車館の跡の碑があった。また、同市永吉にも水車館の跡がある。斉彬の時代の機織り工場であった。

斉彬は、安政三（一八五六）年郡元の新川沿いに綿実油を絞る水車場として郡元水車館を作っている。斉彬の頃に水力で機械紡績所を始めようとした原型があったのだ。それを実現しようとした矢先に亡くなり、弟・島津久光の息子の忠義が継いだ。この忠義の時、一八六三年アメリカがコットン危機におちいったときであり、このタイミングをとらえて石河が藩に紡績業を提言した。

慶応三（一八六七）年に日本最初の機械紡績所、鹿児島紡績所は作られ、その紡績工場の技師のために作られた館が、平成二十七（二〇一五）年『明治日本の産業革命遺産』として世界文化遺産に登録された異人館である。

一八九五年四月に、ロンドンの『タイムズ』紙（鹿児島大学図書館が複製を所蔵）の中で、チャールズ・ベリズフォード卿は次のように日本の産業革命を評している。「様々な段階の統括を体験するのにイギリスは約八百年、ローマは約六百年を要したが、日本はそれを四十年でこなしてしまった。」非西欧地域の日本で、しかも四十年間で産業革命が達成されたのは人類史の驚異だったのである。

島津忠義【鹿児島県立図書館所蔵】

商機に敏である薩摩藩

昭和四十年頃の日本は集団就職のピークを迎え、繊維産業が最盛期であった。この頃、私はアメリカ合衆国中西部のネブラスカ州にいた。ネブラスカ州は、アメリカ有数の農業州である。すぐ南隣にカンザス州という綿作の有名な地域がある。アメリカの南部にはこのカンザス州を含めコットンベルトと呼ばれる綿作地域が広がっている。現在はこの地域から日本へ綿が輸入されている。もともとはアメリカ南部からイギリスへ輸出していたが、一八六一年南北戦争中にコットンが不足した。実はこのコットン不足の折、日本からアメリカへ十六・四トンの綿花を輸出している。これを指示したのは石河確太郎である。

アメリカがコットン不足に陥っていた一八六二〜六五年頃、日本は世界でも有数の綿花生産を誇っていた。日本中が攘夷で喧《かまびす》しかったこの頃、海外へ綿を輸出できたのは薩摩藩だけである。大和で仕入れ、長崎へ持って行き、上海経由で売る。価格は四倍になった。当時、長州の三白と言って、長州の産物は米・塩・綿の販売の三品であった。しかし、八・一八クーデターで長州藩は京都から追い出され、そのあと綿問屋の取引を継いだのが薩摩であった。事実、この頃の上海の新聞には最大の取引先は島津久光であると記述されている。その後、維新後の日本は綿の輸出国から輸入国となり、製糸・紡績の産業国家へと変わった。

昭和四十一（一九六六）年ジョージア州と鹿児島県は姉妹盟約を締結している。「南北戦争と西南戦争」「西郷隆盛とリー将軍」、「主要な産業は農業」などの類似点があげられるが、つながりの始まりはコットンの取引である。

私が、アメリカへ初めて向かった昭和三十九(一九六四)年当時、羽田空港には絨毯が敷いてあった。ティッシュに驚き、スーパーマーケットに驚いた。一番明るいところに生理用ナプキンが置いてあった。同じ頃、この光景を見たのがユニ・チャームの創業者だった。同社は一九六三年に生理用ナプキンの販売を始めている。今や世界中で使われている紙おむつや花粉用マスクなども作っており、日夜進化を続けている。五十~六十年前はアメリカとの格差があったが、今となっては最先端を進むようになった。

また、コットンはサツマイモと似て環境に優しい作物である。大豆やトウモロコシは一トンを作るのに、水が一千トン必要である。生産地ではそれだけの水を使っているということを我々は理解しなくてはならない。しかし、コットンは地力が落ちにくく、乾燥地帯でも育ちやすい。コットンは環境に優しいということを前面に押し出したCOTTON USAというマークを様々な企業が製品につけている。

石河確太郎と世界遺産

絹織物業は明治四十五（一九一二）年には軌道に乗り、外貨を稼いでいる。大正十四（一九二五）年生糸の輸出割合は生産量のおよそ八四・七パーセントを占め、昭和十（一九三五）年に生産量はピークを迎えている。日本の生糸は一九三〇年代には世界市場の八割を占める。明治五（一八七二）年に富岡製糸場（現群馬県富岡市）ができたころ、近くの新町（現高崎市）に絹屑糸を使用する紡績工場をつくる案がでた。この新町紡績所建設の上申をしたのが大久保利通であった。そして、両紡績所を動かしたのが維新後、鹿児島を出ていた石河確太郎である。

新町紡績所とは、明治初期に設立された日本最初の絹糸紡績工場である。ウィーン万博で学び、スイスなどの絹糸紡績所を調査、紡績所の建白がのぼってきて、大久保利通内務卿の上申により、明治八年に設立が決定。明治十（一八七七）年七月に新町紡績所の操業が開始された。新町紡績所は現在のカネボウの前身である。蒸気機関を動かしたのは、石河確太郎だ。この時の群馬県の初代県令・楫《か》取素彦《とりもとひこ》は絹織物業に力を注ぎ、長州出身でありながら産業振興を行った人物として群馬でその偉業を顕彰されている。

石河は、御雇の技術者として月給百円という当時では最高の給与を富岡製糸場からもらっていた。その頃、石河以上に給料をもらっていたのは、ウィリアム・ウィリスなど、お雇い外国人だけであった。当時の日本人労働者の平均年収が十七円であったことを考えるといかに破格であったかが分かる。

『群馬史料研究』の中に石河についての研究が載っている。『製糸場見聞雑誌』に、明治八年十二月に富岡製糸場で勤務していた職員名が記されており、その中の御雇の筆頭に石河の名が記載されている。このことや給与から、富岡製糸場を動かしていた最高責任者は石河であったといえる。そうであるならば、富岡製糸場の世界文化遺産認定の功績は石河にあるといってよい。

日本の産業革命は段階的に軽工業から明治三十四（一九〇一）年の八幡製鉄所の稼働を契機に重工業へと遷ったと言われているが、島津斉彬の集成館事業は初めから、重工業と軽工業を同時にスタートさせていることは特筆されなければならない。徐々にではなく、初めから壮大な構想を持っていて、それを徐々に実現した。斉彬の頃の集成館事業は盛大な理化学実験場で、初めから総合的な科学研究機関としてスタートしているところが重要である。

そして特筆すべきは、その土地に合わせたエネルギーを使っていることだ。薩摩藩では石炭が採掘されないため、優れた火力を持つ白炭を作った。白炭を製造していた寺山炭窯跡は世界遺産の構成資産であったが、令和元（二〇一九）年七月の大雨による土砂崩れで崩落した。一日も早い復元が望まれる。また、反射炉で大量の銑鉄を溶かし、鋳型に流してできたものに大砲の穴を開けるための動力は水力を用いた。

同じように水力を原動力とする施設が、約二万キロ離れたブラジルにもあった。イパネマ製鉄所である。ブラジルのペドロ二世が作った製鉄所、反射炉、大きな炭焼き窯が残っている。現在ブラジルには石炭があるが、当初は塔のような大きな炭焼き窯で炭を作っていた。磯の集成館は小さい規模だが、幕末の薩摩藩と地球のほぼ裏側に位置する帝政ブラジルで同じような科学技術の移植が始められていた。

昭和六十三（一九八八）年に、門久義先生や松村博久先生をはじめ鹿児島大学工学部の先生方が、鹿児島県内の水車がいくつあるのかという調査を行った。結果、八百近くあった。発電用は八台あり、鉱石を砕くための水車が多いのが横川町（現・霧島市）であった。知覧町（現・南九州市）にも、たたら製鉄の跡や水車がある。南薩には牛・馬の骨を砕いて肥料にする骨粉用の水車もあった。シラス台地を流れる中小河川は水車を使うにはとても適した地形で、八百という数の水車が稼働していた。実際は、精米・製粉などを含めるともっと多くの水車があったようだ。

現在、これが見直されて、肝付町の辺塚《へつか》などに小水力発電所が作られた（二〇一六年）。自然エネルギーである、小水力発電の時代に突入しているといってよい。地域のコミュニティーを活性化するためにも小水力発電を推進すべきである。大きな発電所でなく、メンテナンスも容易な小さな発電所で近辺の電力を賄うことで大災害時にも電力が使える。重要なのは生産地が消費地であることだ。これからはこうした取り組みが各地で行われることが必要であると考えている。

始祖三紡績とその後の紡績業

始祖三紡績とは鹿児島紡績所、堺紡績所、鹿島紡績所である。

鹿児島紡績所は、慶応三（一八六七）年につくられた日本最初の機械紡績所である。

堺紡績所が明治二（一八六九）年に堺の戎島に作られ、紡績所の経営トップは五代友厚であった。蒸気機関を動かしているのは石河確太郎であった。その頃、政府には小松帯刀・大久保利通がおり、この四人で堺紡績所は作られた。

鹿島紡績所は、明治五（一八七二）年に江戸の商人・鹿島万平が滝の川（現東京都北区）に作った。

堺紡績所は、浜崎太平次や川崎正蔵などが経営を引き継ぎ、最終的には岸和田紡績所となった。こうして岸和田は糸の街となった。その関係でアスベスト被害訴訟がおこされている。集団就職先として、鹿児島県からも多くの人が就職していたため、全く関係ないどころではない。

明治十五（一八八二）年の大阪紡績所は画期的なもので、大阪のど真ん中に蒸気機関による過去になかった規模の紡績所であった。そこには常に、五代友厚のライバルで東京商法会議所を起こした渋沢栄一の存在があった。渋沢は民間企業が起こらなくては日本の真の富国にならないと五百もの株式会社をつくった。大阪紡績所を建設するさいも、発起人・相談役として関わっている。

石河確太郎の提言

前田正名は「国の基本は二本である。一本は糸柱、もう一本茶柱である。」と主張し、日本の伝統的産業の振興に身を挺した。そのパートナーが石河確太郎であった。明治九（一八七六）年にインド・アッサム地方に茶の視察に行った際に蒸気機関を見るなり「これは〇〇番機」と言い当てる様子を同行者は驚いて日記に記している。

明治に入り、中央集権化が進み、海外との交流は盛んになるが、県と県との交易というのは非常に少なくなった。石河の提言の中に富国の基本は衣と食であると述べている。衣は今すぐに、まだ周囲がからくりを知らず手をこまねいているうちに着手し、食についても確保を急ぐようにというのだ。

石河確太郎（イラスト／公―hamu―・作）

石河の提言を殖産興業策として推進したのが初代内務卿大久保利通であった。大久保は明治六年に葡《ぶ》萄《どう》酒造りを奨励している。大久保の援助でフランスに留学していた薩摩藩出身の前田正名は明治十年、葡萄などの種苗一万本を持ち帰った。翌年開設された三田育種場長になった前田は全国に苗木を配っている。明治二十一年山梨県令となった前田は葡萄の栽培を奨励した。

初代山形県令となった薩摩藩出身の三島通庸も葡萄栽培を奨励した。三島は山形県の特産品となったサクランボや西洋梨も改良した。初代海軍軍医総監高木兼寛が、脚気の原因を兵食にあるとつきとめたのも、かねてから食に関心があったからであろう。役人や医者が真剣に食のことを考えていたのだ。

石河は、軍事産業部門にも携わっていたが、場所に応じて水力と蒸気力の二つを利用することを真っ先に提言している。鹿児島では、水力のために関吉《せきよし》疎水溝を開き、農業用水だけでなく、大砲の穴を開ける動力として使われた。愛知紡績所にて初の国産水力タービンを作ったのも石河である。明治十五年に大阪紡績所ができるまでは、動力はすべて水力タービンであった。水力タービンは画一的なものではなく、その河川に合わせ、一番水量の少ない時季でも稼働できるように入念な調査を重ねて作られた。これはマニュアルがあればできるというものではない。それぞれ川の条件が違うからだ。これらが成功したことで日本の産業の基盤はできあがり、日清戦争で勝利、その賠償金で八幡製鉄所が生まれた。

マニュアルが存在しないものに対し、多くの提言をしてきた石河はもっと見直されてよいのではないだろうか。これから、日本の長寿高齢化社会にモデルはない。日本の歩みが世界のモデルになる。中国やアフリカ諸国が迫ってくる、GDPは追い越されるだろうが、いずれ日本を長寿社会のモデルにしなくてはならない。それを示す責任が日本にはある。歴史を見たとき、これからの豊かな文明社会を築くのに、日本が、鹿児島が主役になるという期待を持っても決しておかしくはない気がする。

日本の技術を世界へ

現在、繊維に関して、日本は世界のトップランナーである。今治市のタオルや世界最極細モヘア糸、妖精の羽と呼ばれる幅百四十センチメートル、長さ五十五メートル、重量わずか六百グラムのシルク、セルロース（植物繊維）一〇〇パーセントの繊維ベンベルグなどが注目されている。特にベンベルグは鹿児島が出資したと言っても過言ではない。

日本で最初のカーバイド工場が水俣にできた。その電力を供給していたのは伊佐市の曾木発電所である。曾木発電所には東京帝大電気科の最初の卒業生野口遵《したがう》がカーバイドの特許をイタリアから獲得してきて生産を始めた。その際に鹿児島商工会議所も出資をし、フィフティ・フィフティで曾木発電所の営業を開始した。そして電力を水俣村のカーバイド工場である日本カーバイド商会（現・新日本窒素肥料株式会社）に供給し、さらに水力ダムを作って電気をおこすという壮大な化学コンビナートが延岡にできた。これがベンベルグを作った旭化成である。

さらに日本では現在、クーリング素材やウールの三倍の吸着熱を発生する吸湿発熱素材などの多機能快適素材を生み出している。繊維産業はこのように成長を続けている。

その中でも私の思いは「甦れ、大島紬」である。大島紬はミラノのファッションショーで「ブラックノワール（高貴な黒）」と絶賛された。平成二十六年と三十一年に、私が奄美群島振興開発審議会会長として、奄美群島振興開発特別措置法の五年間の時限立法の延長を二回十年間獲得した。これを技術革新・市場の拡大につなげてほしい。大島紬は、現在はおよそ四千七百反、最盛期の六十分の一の生産量しかないが、わずかであってもプレミアム・ブランドとしてイタリアのカノニコ社の高級ウールのように世界の人にその素晴らしさを認められれば、市場は限りなく大きい。

明治四十三（一九一〇）年までに日清戦争で得た賠償金二億両（三億六千万円、国家予算の三倍）などをもとにして、産業革命を達成した日本は、万国と肩を並べた国になったが、第一次世界大戦中に列強の勢力に空隙が生じたのに乗じて、中国に二十一ケ条の要求をした（一九一五年）。山東省に関するドイツ権益や大連や南満州の租借などについての要求である。このあと、中国の抗日運動が激化したのは当然である。日本が帝国主義の道を歩み、軍部ファシズムの台頭を許したのは悲劇だった。太平洋戦争に敗れた日本は平和国家として世界に貢献していかねばならない。

おわりに

日本の産業革命が非西洋地域で、わずか半世紀で達成されたことは、世界遺産に登録されたことでもわかるように驚異的な歴史の歩みであった。それに先行する明治維新も、欧米の外圧が一時的に緩んだスキに素早く達成された政治革命であった。そこには、島津斉彬の先見性と西郷隆盛のカリスマ的指導力があずかって大きかったのは事実であろう。

薩長同盟のあと討幕が実現したが、長州藩は奇兵隊など反封建エネルギーである民衆エネルギーを利用しただけに、木戸孝允が「尾大《びだい》の弊」と言ったように尻尾ばかりが大きくなってどうにもならない状況に直面した。リストラ（切り捨て）された諸隊は無惨にも弾圧された。鹿児島藩は逆に、西郷らによって下級士族がリストラされずに温存されたため、西南戦争という悲劇を迎えねばならなかったのだと思う。会津士族の悲劇は、またそれにまさるものである。

世界の革命に比すれば、ペリー来航から西南戦争までの内戦による犠牲者の数は、三万人以下と圧倒的に少ない。明治二十二（一八八九）年の明治憲法の発布で立憲君主制の近代国家となったが、日本近代化の道はもっと多くの選択肢があったはずである。

今日の地方創生を確かなものとするためには、日本近代史における地方の歩み、特に伝統産業、農産加工業の歩みをもっと調べる必要がある。

人類の歴史は、狩猟社会から農耕社会、工業社会へと進展し、二十世紀の最後の四半世紀からコンピューターの登場により情報社会に移行した。本書第六章は、薩摩藩に視点を据えて、産業革命の達成を見てきた。それは、蒸気力による第一次産業革命、電力による第二次産業革命、コンピューターによる第三次産業への過程であった。今、ＩｏＴ、ＡＩ、５Ｇの登場により、第四次産業革命（ＩＴ革命）がおこり、サイバー（仮想）空間とフィジカル（現実）空間とが高度に融合した未来社会を迎えようとしている。それは、農業社会から工業社会への転換を上回るドラスティックな社会変化がおこると予想されている。しかし、どのような劇的変化であっても、その根底には人間性を失ってはいけないというフィロソフィー（哲学）がなければならない。

農業は、もともとフィジカルな物づくりの産業であり、自然環境保護や地域コミュニティの維持に関わる産業である。

鹿児島県でも農福連携（農業と福祉の一体化）の新しい試みが軌道に乗りつつある（南大隅町の花の木農場）。自然と触れ合って人間性を豊かにしながら、持続可能な地域社会の構築を目指す、このような試みが日本各地で拡がってほしい。

変革にとって一番大事なことは、人材である。人間の知性と意志と感情が世の中を動かすことは言うまでもない。そのことを本書は、島津斉彬、西郷隆盛、そして前田正名を中心に見てきた。三人の溢れんばかりの情熱と揺るぎ無い強固な意志と先見の明に学ぶべきである。薩摩という辺境の地から明治維新のリーダーが生まれたように、鹿児島県のような地方から日本変革の人材が輩出してほしいものである。

最後に、本書はシンガポール大学・台湾師範大学・仁川大学（韓国）・スタンフォード大学・サンノゼ州立大学（米国）・サンカルロス大学（ブラジル）・清華大学（北京）・南開大学（天津）・遼寧大学（瀋陽）での講義等、西日本新聞・琉球新報・産経新聞・朝日新聞の連載、ロンドン・ローマ・ハノイの日本大使館での講演がベースであることをお断りしておきたい。海外で発表したのは薩摩藩と明治維新をなるべく世界史の中に位置づけたかったからである。

本書に収めた写真・資料の多くは、鹿児島県立図書館所蔵の貴重なものである。掲載を許可していただいたことに謝意を表したい。また、本書を丹念に査読していただいた松岡達郎学長、志學館大学出版会運営委員会と写真撮影、イラスト作成をしてくれた志學館大学原口ゼミの学生寺岡晴雄君たち、そして編集していただいたＩＴコム社の福島茂喜氏と、私の研究助手の下豊留佳奈氏の各氏に深甚の謝意を表したい。

参考文献

・野村綱吉『伊地知正治先生小伝』一九三六年
・『西郷隆盛全集』全六巻、大和書房、一九七八―一九八〇年
・『島津斉彬言行録』岩波文庫、一九四四年
・松尾善弘『西郷隆盛漢詩全集』斯文堂、二〇一〇年
・原田良子、新出高久「薩長同盟締結の地『御花畑』発見」『敬天愛人』第三四号、二〇一六年

原口泉著書

・『NHKかごしま歴史散歩』日本放送出版協会、一九八六年
・『かがやけ薩摩』鹿児島南ロータリークラブ、一九九〇年
・『篤姫』グラフ社、二〇〇八年
・『龍馬を超えた男小松帯刀』グラフ社、二〇〇八年（PHP文庫、二〇一〇年）
・『維新の系譜』グラフ社、二〇〇八年
・『世界の危機をチャンスに変えた幕末維新の知恵』PHP新書、二〇〇九年

・『「龍馬の声」が聞こえる手紙』三笠書房知的生き方文庫、二〇一〇年
・『龍馬の夢を叶えた男　岩崎弥太郎』KKベストセラーズ、二〇一〇年
・『龍馬は和歌で日本を変えた』海竜社、二〇一〇年
・『お龍と龍馬』東邦出版、二〇一〇年
・『坂本龍馬と北海道』PHP新書、二〇一〇年
・『会津 名君の系譜』ウェッジ、二〇一三年
・『日本に今一番必要な男 黒田官兵衛』幻冬舎、二〇一四年
・『吉田松陰の妹』幻冬舎、二〇一四年
・『維新経済のヒロイン広岡浅子の「九転十起」』海竜社、二〇一五年
・『明治維新はなぜ薩摩から始まったのか』パンダパブリッシング、二〇一五年
・『女城主「直虎」の謎』海竜社、二〇一七年
・『西郷どんとよばれた男』NHK出版、二〇一七年
・『西郷隆盛53の謎』海竜社、二〇一七年
・『西郷家の人びと』KADOKAWA、二〇一七年
・『西郷隆盛はどう語られてきたか』新潮文庫、二〇一八年
・『近代日本を拓いた薩摩の二十傑』燦燦舎、二〇一九年

原口　泉（はらぐち　いずみ）

鹿児島市生まれ。米国ネブラスカ州立大学付属ハイスクールと鹿児島県立甲南高等学校卒業。東京大学文学部国史学科、同大学大学院博士課程を終えて（単位取得）鹿児島大学名誉教授。志學館大学人間関係学部教授。鹿児島県立図書館長。鹿児島大学農学部客員教授。専門は日本近世・近代史、薩摩藩の歴史。NHK大河ドラマ「翔ぶが如く」「琉球の風」「篤姫」「西郷どん」、NHK朝の連続小説「あさが来た」の時代考証担当。平成25年度地域文化功労者表彰受賞（文化庁）。第50回MBC賞受賞。第70回日本放送協会放送文化賞受賞。第78回西日本文化賞受賞。近著に「西郷どんとよばれた男」（ＮＨＫ出版）「西郷家の人びと」（KADOKAWA）「西郷隆盛はどう語られてきたか」（新潮社）「近代日本を拓いた薩摩の二十傑」（燦燦舎）など多数。

薩摩藩と明治維新

原口　泉

2019(令和元)年11月18日　初版発行

発行所／志學館大学出版会

〒890－8504　鹿児島県鹿児島市紫原１丁目59－１

TEL 099(812)8501(代)

http://www.shigakukan.ac.jp/

志學館大学出版会

製作・販売／南日本新聞開発センター

ISBN978-4-86074-282-9